あなたと無限の宝庫をつなぐ!
マネーゲートをひらく秘密

金運革命

佳川 奈未
Nami Yoshikawa

WAVE出版

お金は、単に贅沢をもたらすものではなく、
あなたの〝豊かな心の真実〟を教えてくれるもの

まえがき

豊かさを叶える金運上昇の「予兆」をつかむ！

人は、心のどこかで気にかけているものに、ふと手を伸ばすもの

あなたがこの本を手にしたのは、お金に苦労しているか、いまよりもっと豊かになりたいと、金運上昇を願っているからでしょうか。

あるいは、「いいえ、そんなこと……。本屋に来てほろほろ歩いていたら、なんとなく目の前にこの本があったから、さわっただけよ」ということかもしれませんね。

しかし、そんなことはどっちでもいいのです。なんとなく手にしたのだろうが、「お金」という言葉のあるものに敏感に手を伸ばしたのだろうが、とにかくこの本を手にできたことを、まずは祝福しましょう！

というのも、**こういった本にふれる時点で、すでにあなたには〝マネーゲートをひらきやすい素質〟があるからです！**

まえがきで、とやかく言うつもりはありません。それよりも、早くChapterに沿って読み進み、お金を惹き寄せる波動づくりをし、しっかりマネーゲートをひらいてほしいものです。きっと、みちがえるようなリッチライフを幸せに叶えられることでしょう♪

本書にあることとは、私自身が実践し、想像以上の成果を得てきたことです。プアーからリッチになるべく、また、欠乏と限界で不安な人生から、満たされ無限に潤う一生安泰の人生にすべく！

女ひとり、三人の子を抱え、無一文から億を手にできるまでの過程で、私はお金にいやというほど学ばされ、教えられ、救われたことが多々ありました。

その中で得た最も素晴らしい教訓は、〝自分の内面を豊かにすれば、外側もそれに連動して、いくらでも豊かになる〟ということです！

かつて、仕事も、助けてくれる人も、食べるものも満足になかった無一文の私に唯一できたのは、すべてが豊かにある満ち足りた人生の〝想像〟だけでした。

その〝想像〟が私の心をときめかせ、わくわく刺激し、良い感情を引き出し、いつしか内面をすっかり豊かにし、おかげで私は〝お金を惹き寄せる波動〟を放っていたのです。

そうなれたら、しめたもの！　あとは、その波動が勝手に、それにみあったものを用意してくれるからです。

内面が変わることで、言動が変わり、波動が変わり、外側の出来事や、まわりの人たちの反応が変わり、この人生に革命が起こるわけです。

内面こそが〝原因の世界〟であり、外面の現実という〝結果の世界〟を創るものです！

その、〟原因の世界〟である、内面から生まれる豊かな波動こそ、マネーゲートをひらく重要な鍵だったのです！

ここにある法則のすべては、きわめてシンプルで、楽しいもの♪

お金に対してもっと豊かに自由に思考し、宇宙から受け取りたいものをわくわくイメージし、よろこばしい感情を抱くとき、あなたの波動はみちがえるほど豊かなものとなります。

そのとき、あなたの中のマネーゲートは自然にひらき、自動的に「金運革命」が起こり、大きなお金がなだれこんでくるのです！

ミラクルハッピー　佳川奈未

あなたと無限の宝庫をつなぐ！　マネーゲートをひらく秘密　金運革命　目次

Chapter 1

マネーゲートをひらく☆8つの条件

豊かな〝心の持ち方〟で、お金を惹き寄せる波動を放つ！

Chapter 2

すんなり受け取る☆マインド・セットの秘密

自分を整えながら、良きものを迎える準備をする！

Chapter 3

みるみる運が良くなる☆お金の習慣

この日常のアクションで、さらに経済状態を引き上げる！

Chapter 4

無限の宝庫につながる☆不変の法則

マネーゲートを全開にし、宇宙から富を受け取り続ける！

Special ☆ Chapter

装丁　豊原二三夫（As制作室）／カバー画像提供　ピクスタ／DTP　NOAH
校正　服部妙子／編集　寺門侑香

Chapter 1

マネーゲートをひらく☆8つの条件

豊かな“心の持ち方”で、
お金を惹き寄せる波動を放つ！

まずは〝お金がもたらす幸せ〟をみる

お金という価値ある便利な道具を、しっかりみかたにつける

「お金」というのは、実に奇妙で、興味が尽きないものです。それは、人知れず密かに憧れられているものであり、望まれているものであり、どんなにあっても困らないものです。それどころか、多くの人が、「もっとほしい!!」と思っているくらいです。

それなのに、なぜか、お金というのは話題にすることをためらわれたり、それについて考えることが悪いことのようにとられやすいもの。誰かがお金持ちだというだけで、無意味に嫌悪したりして。

きっとそれは、お金というものや、お金を持っている人に対して、偏見や誤解があるからでしょう。

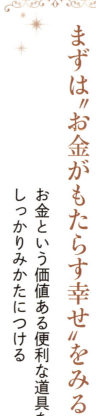

あるいは単に、お金というものが、どれほど便利な道具で、助けられるもので、人生を潤すものなのか、その〝本当の価値〟と〝恩恵〟を知らないからかもしれません。

また、お金がある種のパワーを持っているものだからこそ、お金次第で、自分自身やまわりの人の心や態度が、いかようにも変わってしまうことを恐れているからかもしれませんね。

たとえば、お金をほしいと思っても、実際にお金をたくさん持った場合を考えたとき、人は勝手にいろんな心配をしたりするものです。大金を得たことの帳尻あわせに〝何か悪いことが起こるのではないか〟とか〝バチがあたるかも〟と恐れたり、自分を〝強欲な人間〟かもしれないと嫌悪したり……。

また、お金を持ったことで、誰かから妬まれたり、たかられたりするのではないか、泥棒に盗まれやしないかと、そんなことに怯える人もいるものです。

そうでなくても、お金を持ったことで、まるで何かしらの権力を得たかのような気分になって、人を見下し、偉そうにする人を見たことがあると、「自分があぁなるのはいやだなぁ」などと思ったりするわけです。

実際、お金があるのとないのとで、自分の心と態度、生活のしかたが大きく変わることはあるものです。たとえば、「財布が重いと心は軽く、財布が軽いと心が重い」というように。お金のあるなしで、明るくなったり、ふさいだりするもの。それほどお金に影響されやすいのが人間です。

しかし、お金がなければないで、不自由に感じるわけです。気分はやはり重いわけです。財布のなかみと相談しなくては、パーッと遊びにも行けず、しかたなく家でふてくされていなくてはならなかったりして。

お金を持つことを良いことだとし、それによって救われる気持ちや状況がたくさんあるのだとわかると、人はお金を持つことを躊躇しなくなります。

というのも、たとえば、お金という道具がないと、あなたはお米がほしいときに、わざわざ牛一頭を連れて、街まで物々交換に出かけなくてはならないのですからねぇ。実際、昔の人はそうしていました。

けれども時代が流れ、牛や米俵から、お金は財布に入る程度の扱いやすいものになってくれたおかげで、私たちは身軽に自由に何でも買いに、どこにでも行け、どんなものをも持つことができ、生活が大いに潤い満たされるようになったのです！ このお金の価値と良さと便利さが、私たちの生活全般を支えてくれているのです。

お金がたくさんあれば、それだけ食べるものや着るものや行く店や行動習慣や、ライフスタイルは、望ましいものに大きく変えることができます。そう、プアーから、リッチなムードへと！

お金を楽しくみかたにつければ、あなたの人生のあらゆる領域で、いろんな「選択肢」が増え、世の中のさまざまな場面で、いつでも「自由」に「快適」に、ふるまうことができます♪

というわけで、あなたには、ここで、「お金の持つプラスのパワー」にちゃんと注目していただきたいのです！ しっかりそれが良いものだと認めてほしいわけです！

たとえば、お金の余裕次第で、バナナやりんごしかなかった冷蔵庫を、メロンや高級マンゴー、マスカットと、好きな果物で埋め尽くすことができます（バナナが好きな人は、そればかりで冷蔵庫を埋め尽くせます♪）。

また、いつ壊れるかわからないほど危なっかしく、見た目もいまいちな安物家具に囲まれている自分の部屋を、遠路はるばるヨーロッパから運ばれてきた美しい家具（しかも、ていねいなアフターサービスを受けられる状態）で揃えられた、優雅なお姫さまのようなお部屋に変えることもできます。

バーゲンまではつつましやかにと、何も買えない〝がまん状態〟で、やっとバーゲンが来ても、値札を気にして何も手にできなかったり、「これは私がつかんだものよ!!」と、血眼になって安物を取りあい、人をぶん殴ったりしなくてもすみます。

お金があれば、バーゲンを待たずして、「今日は、ショッピングでもしようかなぁ♪」という気持ちひとつで、ひょいっと買い物に出かけられて、値札を気にせず、好きなものを好きなだけ買えます！

高級レストランに入っても、〝一番お高いもの〟や〝年代物ワイン〟をためらいもなくオーダーできますし、会計時に「調子に乗って食べすぎたかも」とレジ前でびくびくし、請求金額に青ざめなくてもすみます。

お誕生日でなくても、特別なことがなくても、「あら、これ素敵♪」と軽い感覚で、憧れのブランドバッグや、パリコレデザイナーのお洋服、1カラットのダイヤモンドや毛皮も、平気で買えるようになるわけです。

高級外車だって、セカンドハウスだって、自分の気持ちで、「これにします♪　ください」と、即決購入できるのです！

しかも！　「ああ〜、今日はいい天気！　家にいる気がしないわねぇ〜。旅行にでも行こうかしら♪」と、その日の気分次第で突然、フラッと旅にも出られるわけです。

何か慈善事業や社会貢献したいという場合でも、寄付先を好きに選べ、何度でも役に立つことができるわけです！

究極には！　お金の心配から完全に解放され、一生働かず、〝遊んで暮らす〟ことさえできます！

実際、いまこの時代にも、「遊んで暮らす♪」を叶えるべく、セミリタイアし、残りの人生を家族とともに、好きなことをして自由に過ごす人がいます。

不健康な都会での暮らしを捨て、環境のいい南の島でのんびりするなどして、心身ともに、豊かに生きる人もいるわけです。

ただ、ここでお伝えしたいのは、なにも「物欲主義」になれということではありません。贅沢三昧ができるよ！　と、言いたいのでもなく、お金持ちが偉いとか、お金がすべてだと言っているのでもありません。

お金という価値ある便利な〝道具〟のおかげで、あなたはそのときの「気分のみ♪」で、幸せと豊かさを人生のあらゆる領域でひょいと叶えやすくなると、その素晴らしさをお伝えしているわけです。

そんなお金を嫌悪し、持つことをためらう理由は何もなかったのです。お金のことにちゃんと向きあわないというのは、とてももったいないことです。

しかもお金は、あなたがその素晴らしい価値を認め、好きになり、愛し、受け入れる気になればなるほど、あなたのもとへなだれこんできます！

なんといってもすごいのは、お金と豊かさに恵まれるようになると、あなたの人生に〝バラ色の選択肢〟がいくらでも生まれ、ただ、「こうしよう」と思うだけで、望むもののすべてを手にできるということです。

〝気持ち〟と〝したいこと〟のギャップが消え、いちいちお金ができるまで何かを待ったりしなくてもよく、不自由さから解放され、もっと自由でいられる場面が増え、前進しやすくなるということです！

〝お金のもたらす幸せ〟について、ポジティブな理解をし、よろこんでこの人生に歓迎するとき、あなたの中にあるマネーゲートがすんなりひらき、「金運革命」は勝手に起こります！

その瞬間へと、自分を楽しい思考とイメージと感情を通して、導いてほしいのです。

しかし、どうやって？

はい。それを、次の項より順を追って、お伝えしましょう。

金運を拾うため、捨てたい7つのもの

ポイッと捨てるだけ♪　あまりにもかんたんすぎて人はそれをせずにいた

マネーゲートをひらくと、「金運革命」は自然に起こります。それゆえ、マネーゲートをひらくことがまず肝心なこととなります。マネーゲートをひらくには、あなたの内面を豊かにしておくことです。

とはいうものの、内面を豊かにできない人がいます。どんな人でしょうか？

それは、豊かになるのを邪魔するものや、豊かさとは相反する真逆のものを心の中にたくさん抱えている人です！

というわけで、まずは、そういったものを心の中から捨てましょう。「どうやって捨てるの？」などと聞かないでください。かんたんなことです。

あなたが、「これは、もういらない」と、そう思った瞬間、心の外にそれは捨てられています。

紙くずのゴミなら、「これは、いらない」と、手でゴミ箱に捨てられますが、思考のゴミは、いつだって思考を使ってしか、外に追い出せません。覚えておきましょう。

さて、最初に捨てるべきものは、①不安　②心配　③恐れ　です。お金に対する不安や心配や恐れがあると、なかなか豊かに物事を考えることができません。

「お金がない」「困ったなぁ。今月はやっていけそうもない」「家賃が払えなくなって、この家から追い出されたらどうしよう……」「請求書がたまったままだ」「貯金がないから、老後は悲惨だ」「お金のせいで、苦しめられている」「こうなったのも、お金がないせいだ！」などと、そんな考えは、もう捨ててください。お金と豊かさを手にしたいのなら！

「こんなことばかり考えるのは、もうやめよう」「こんな不安はいらない！」「恐れを捨てて、安堵の境地に入ろう」と、自発的に余計な思考のゴミを捨てる人でいましょう。

捨てたあと、それらをまたすぐあなたが拾わないうちに、すかさず、次のような豊かな考えを心の中に持ってください。

「大丈夫！　お金はやってくる！」「お金は絶対に工面できる」「必要なお金は手に入る！」「老後は豊かで安泰だ！」と。

そうやって、肯定的に思考し、豊かなイメージを自発的に拾いあげ、心から寄りそうと、おのずと感情も良い状態になり、あなたの波動が豊かなものに変わります！

もし、いまのあなたが心配な状況にあるなら、なおさら、そうしてください。お金に困っている状態のときに、不安や恐れでいっぱいになっていると、内面はますます貧しい波動を生み出し、お金に困った状況をより惹き寄せてしまうからです。

不安や心配や恐れは、あなたを委縮させ、失望させ、そこから抜け出すヒントを奪うだけで、豊かさにつながる良いものを何ひとつもたらしません。

さて、次に捨てるべきものは、お金に対する④嫌悪　⑤偏見　⑥批判　⑦悪口　です。この際、すっかり、さよならしましょう！

なぜなら、人は自分が嫌悪するものを手にすることはできないからです。お金を手にしたいと言いながら、それを悪く思ったり、悪く言うのは、ありえない行為です。

あなたが手にできるのは、いつでも、あなたが嫌悪しておらず、偏見を持っておらず、批判しておらず、悪く言っていないものだけです。

手にしたいなら、対象となる相手と敵対するような考えを捨てる以外ありません！

あなたが相手に好意を持ち、肯定的な物の見方をし、良さを認め、祝福し讃えるとき、あなたと相手との間には何ひとつ摩擦《まさつ》がなく、〝優しい豊かな絆〟がすんなり生まれます。そのとき、特に努力しなくても、お互いが強力に惹き寄せあうのです。

求める対象を、本気で愛する

あなたは本当にお金が好きですか？
何の曇りもなくそう言える!?

マネーゲートをひらく秘密の根本にあるものは、何だと思います？

ズバリ、それは、「愛」です！

本当の意味において、「お金を愛する」ことです。それしかありません。本心から、お金を好きだと思えることが必要不可欠です。

そうすれば、あなたの経済事情にかんたんに奇跡が起こります！　奇跡は、愛が本物であったことをこの現実の中で証明してくれるものです。

ちなみに、それが本当の愛なのか、表面的になんとなく無理して言っているだけの好きなのかは、すぐにわかります。

というのも、**それが愛なら、あなたの中のどこにも、お金に対する嫌悪や否定的見解や罪悪感や批判や恨みなど、ネガティブな要素が一切ないからです。むしろ、役立ってくれているその存在に対して、素直に「ありがとう」と、心から感謝できるほどです。**

求めるお金に確実にやってきてもらい、末永く一緒にいてほしいというなら、なんの曇りもなく、本心から、「お金さんが大好き。愛しているわ」と思えることが必要です。というのも、それなくして、あなたはお金を大切に扱わないからです。

この世では、あなたが大切にしないものは、すべてあなたのもとから去っていきます。お金もしかりです。

また、あなたが本当に心からお金を好きでいられたなら、こんなふうに理解を示し、愛を示すこともかんたんなはずです。

「あなたの良いところなら、誰よりも私がわかっているわ」「どんなに世間の多くの人があなたを嫌い、敵にまわそうと、この私だけはあなたのみかたよ！　絶対に嫌ったり、拒否したり、粗末にしたりしないわ」「あなたほど魅力的な存在があるかしら！　私はあなたを讃えるわ！　祝福するわ！　なぜって、あなたはいつもただ黙って誰かの役に立つ、素晴らしく価値ある存在で、それを自慢にもせず、こうして世のため人のためになっているのだから」と。そう思えなくては、うそなのです。

対象がお金であれ何であれ、都合のいいときだけそれを好きと言いたがる人がときどきいます。が、そういう人は決まってあとから悪口を言うものです。その対象に助けてもらっておいて、すぐに裏切り者に変わるわけです。しかも、まるで相手のほうが自分を愛しておらず、ひどいものだと批判して。

しかし、あなたが批判するから、相手はこちらに寄ってくることができなかったのです。お金も人づきあいと同じです。そのことに、気づいてください。

お金は、人の思いの影響をダイレクトに受ける繊細なものです。好かれているとわかれば、よろこんで寄ってきますし、嫌われているとわかれば、悲しげに去っていくだけです。

あなたがこの人生を生きていく限り、つまり、命の時間をつないでいかなくてはならない限り、お金は絶対に、あなたとともに生きるしかない存在です。

人は誰も皆、飲まず食わずでは生きていけないわけです。着るものを着て、学ぶものを学ぶのも、お金が必要です。

何につけてもお金のお世話にならずにはいられないのが事実なのです。

この世の中には、「お金をほしい」と言い、お金に関する本を読み、なんとなくお金のことをわかった気になり、嫌う気持ちはなくなったと思っているのに、それでもなかなかお金を思うように手にできない人がたくさんいます。

それは、なぜだと思います？

答えは、たとえ、嫌っていなかったとしても、まぁ前よりは好きになっているかもしれないとしても、心の奥底にまだ、「お金を手にする恐れ」「一度手に入ったものを失う恐れ」が隠されているからです。

そんなものは、きれいさっぱりなくす必要があるのです。もし、本当に、確実に、お金を思うように手に入れたいのなら！

「お金は恋人のようなもの」だと、私は自分の著書を通して、もう10年も前からお伝えしています。お金とどうつきあい、どう扱えば良いのかは、お金をあなたの本物の「恋人」と見立てて考えれば、よく理解できるでしょう。

あなたは、ただ彼を愛し、そばにいることを幸せに感じ、よろこんでいればいいだけなのです。何かにつけ、文句や愚痴や批判や悪口を言っていたとしたら、どれほど相手との仲が悪くなるか、わかるでしょう。そういったことをしなかったとしても、恐れていたら同じこと。

「彼を失いたくない」「彼がいつか私の前からいなくなったらどうしよう」「彼を他の人にとられたらどうしよう」と思っていると、その心配と恐れ（恐怖心）のせいで、あなたの態度はおかしくなり、彼の居心地も悪くなり、二人は仲良くなりたいのに仲良くしづらい関係になってしまうわけです。お金もしかりです。

覚えておきたいのは、あなたが求める対象を愛し、もっと自由にのびのびと、楽しく、豊かなことを思い描き、幸せで〝満たされた気持ち〟でいるとき、あなたの心を通して、宇宙の〝無限の宝庫〟につながるマネーゲートが自然にひらくようになるということです！

そのとき、お金はあなたの人生の中に自然に入ってくるのです！

思いっきり自由に、バラ色の人生を描く♪

ビッグスケールで、ユニークな形で、オリジナリティあふれるものに

あなたの思考とイメージと感情が豊かなもので満たされるほどに、それに連動するかのように、マネーゲートはどんどんひらきます！

それゆえ、いつ、どんなときも、お金と豊かさを求めるなら、できるだけビッグに、ユニークな発想で、オリジナリティあふれる思考とイメージを持って夢を描いてください。そして、その想像の世界で生まれた感情にリアルに酔いしれることです！

お金があったらこうしたいということを〝すでにしている情景〟や、お金持ちになったあかつきに〝どこかに行っている様子〟や、〝こうふるまっているという姿〟を、

思考し、イメージするのです。

そのとき、自然に浮かぶビジョンにしばしば集中していると、何らかのうれしい感情や、高揚感や、わくわくした感覚が生まれるでしょう。

その感覚に、どっぷりつかるのです。あなたがテレビや映画を観ているだけで、何らかの感情がわき、それに没頭しているのと同じように！


さて、お金ができたときにしたいことや、叶えたい豊かな状態は、人によってさまざまでしょう。ですから、あなたなりに、〝私はお金ができたら、こうしたい〟〝こういうことが私の望む豊かな状態〟というものに、フォーカスすればいいだけです。

たとえば、南の国でハンモックに揺られて時を忘れ、ひとり静かに海を眺める贅沢を堪能したいということもあるでしょう。家族みんなで年に何度かハワイに行くことが、豊かな暮らしと感じる人もいるかもしれませんね。

白亜の豪邸に住み、高級外車を何台も持つことが夢かもしれませんし、９桁以上の残高のある通帳をみてニンマリすることをリッチに思う人もいるでしょう。

都会の一等地のタワーマンションに住み、ディナー時に1本100万円以上するロマネコンティ（フランスの最高級ワイン。年代物や価値あるものは、1本1億円以上するものもあります）を惜しみなく飲む暮らしをすることかもしれませんね。

想像の中ではしたいことや叶えたいことをなんでもやってください。遠慮はいりません。その空間にいくら長時間居座ろうと、どんなに贅沢なことをしようと、誰にも何も言われませんし、お金は1円もかかりません。まったく無料です。

どうぞ好きなだけ、何台でも外車を買い、何軒でも豪邸を建て、何本でもロマネコンティを飲み干してください♪

そういう想像で気分を盛り上げ、それをおもしろがって楽しむことが、リアルな感情に酔いしれるということであり、そのとき発生する波動が、その想像を〝本物〟の現実にするのです！

あなたの潜在意識（あなたの心の奥底にある〝無意識の領域〟）は、あなたの思考やイメージが想像上のものなのか、現実のものなのかを区別することができません。

特に、リアルな感情が伴うものは、〝いま、まさに起こっていること〟だと受け取り、そのまま現実に再現すべく働くものです。

たかが想像、されど想像！

想像の世界は、決してバカにはできないものであり、活用しないのは、なんとももったいないことです。

さて、想像は家のソファに座って、目を閉じているだけでもできますが、もっとリアルにしたいなら、自分がお金や豊かさの象徴としている場所や物にふれることで、よりリアルな感情を喚起しやすいものです。

そんな、想像の世界をよりリアルにすべく、実際に憧れの対象に近づいてみたことで、それが素早く叶ったエピソードを、次の項でお伝えしましょう。

リアルな体験をして遊ぶ♪

お金や豊かさの〝象徴〟から直接、「金運波動」をもらう方法

マネーゲートは、想像から生まれた豊かな感情にダイレクトに反応し、あなたの「金運革命」を加速化させるものです。

ですから、「現実は辛いことばかり」としょげかえり、辛い現実とにらめっこばかりしておらず、そこからひととき目を離し、〝楽しい想像の世界〟でくつろぐ時間を持ちましょう！

さて、それがお金のことであれ、何であれ、辛い状況や、困難なことがあるとき、とかく人は、外側のやっかいな現実をいじくりがちです。

しかし、そんなときほど、自分の内側である「心の中」で解決を見ることが大切です。想像上でその辛いことをいったん終わらせ、〝望む状態〟をひと目見れば、実際の解決はもっと早くやってくるからです！

「内面」が〝原因の世界〟であり、「外面」の現実は〝結果の世界〟だと、これまでもお伝えしましたように、「内側」の世界に親しむことが、現実を理想の形にする秘訣なのです。

その「内面」の世界に、「外面」の世界の〝現実的な何か印象的なもの〟を持ちこむことで、想像の世界はよりリアルなものとなり、叶えられやすくなります。

かつて、私がまだ関西で勤めており、働けど働けど生活が楽にならなかった頃のことです。

当時私は美容事業に携わる仕事をしており、ある日、出張で東京に行くことになったのです。新しく立ち上げたトータルエステサロンの取材に立ちあうために。

そのとき、某出版社の人気雑誌の記者が取材に来ていました。私は、その頃、すでに作家になりたいと思い書きためていたものがあったので、相手の名刺をもらったとき、ドキッとしたものでした。「いつか、この出版社から本を出したい！」と。その名刺にある出版社のロゴマークを憧れの気持ちで、穴があくほどみつめていました。

そのサロンの取材を終えたとき、私はなぜかすぐに新幹線に乗って関西に戻る気がせず……。

東京に出てきたついでに、憧れの田園調布がどんなものなのか、ひと目だけでも見て帰ろうと、用もないのに、駅に降り立ったのです。向かう電車の中でもわくわくがとまりませんでした。「いったい、どんなところなんだろう～♪　きっと素敵なんだろうなぁ～」と。

その日のことを私はいまも覚えています。とてもいいお天気で、田園調布の駅前には澄んだ青空と美しい景色が広がっていました。気分爽快でした。

目の前には大手銀行があり、私はなんとなく入ってみることに。そして、ロビーに立つと、くるりとまわりを見渡し、こう想像したのです。

「私はこの街に住み、会社を立ち上げ、この銀行と取引をし、通帳には数千万、いや、やがて億というお金が振り込まれることになる！」と。

ちなみに、当時の通帳残高は、いつも月末には数百円になってしまうほど、お金がまったく入っていませんでした。それゆえ、経済的に余裕のある人生を叶えたいというのは、かなり本気の夢だったのです。

そのあと、ついでにと、豪邸の立ち並ぶ街並みを散歩し、「私はこの街に住み、運転手付きの外車に乗って、仕事に出かけるほど、成功者になる！」とも想像♪

ただ、勝手に想像しただけでしたが、なんとも言えない高揚感に満ちたものです。

なんと〝おめでたい〟性格（笑）。

そして、再び駅に戻ったとき、「田園調布」という文字が刻まれた切符がほしくなり、保存用に一枚買って、財布に入れたのです。私は、神戸の自宅に帰ってからも、毎日財布の中からその切符を取り出しては、飽きもせず何度でも「田園調布」の文字を目に焼き付けていました。

その想像のあと、いったいどうなったと思います？

これまでの著書にいやというほど書いているので、長々とは書きませんが、なんと！その翌年に、私は作家デビューが決まり、上京することとなり、本当に田園調布に住むことになったのです！（笑）。まさか、1年後にそんなふうになるとは!?

その後、会社も3つ立ち上げ、あのとき入った銀行が主要取引銀行となり、その他、想像していたことのすべてが現実になったのです！

想像が現実になるとき、あまりにもあっけないので、人は感動して泣くというより、「うそ!?　本当にこうなるんだ」と、かえって真実味がないものです。

真実味がないのは、決して、冷めていたからではありません。あまりにも予想外の叶い方をするので、とまどったからです。いやもしかしたら、もう十分、〝想像の中〟でその人生を先に味わいつくしていたからかもしれません。

あのときの私の想像は、リアルすぎて、涙があふれてくるほどでした。涙が本当に出てしまうくらいの想像というのは、すごいものです。まるで、いままさにそうなっているかのように錯覚させるのですから、自分自身に。

まさに、このようなとき！　潜在意識（心の奥底にある〝無意識の領域〟）＝宇宙とつながっている場所も、リアルな感覚を受け取り、具現化すべく働くのです。

さて、以前の私が体験したように、マネーゲートがひらきはじめると、とにかく奇妙なことが起こってきます。

これまで知らなかった人に突然出逢い、「なんでこの人がこんなことを言ってくるのだろう」と疑問に思うような不思議な形で、こちらの日常に、やたらと夢を叶えるためのヒントを投入してくるのです。

その投入者は、こちらの夢や、こちらが何をどんなふうに想像しているのかその詳細も知らないのに、なぜか、なぜか、それが叶うことになるきっかけともなる重要な情報を、なにげなく与えてくるわけです。

その人の出現のあと、自分の中にもそれをヒントに〝これをしておかなくては〟というような、なんらかの衝動があり、それを自然に行うものです。

そうしてさらに、それまでは知り合えそうもなかったレベルの新しい人が次々と目の前に現われ、不思議な出来事と流れを運んでくるのです。その新たな展開の先で、突然、想像していた世界＝夢が叶っていきます。

叶うときは、本当に突然です。叶う前の何か月もの間には、一切、それが叶う兆候すらないのですから。

あなたのお金の豊かさの夢が叶うときも、そうかもしれません。叶うきっかけや経緯は、いまの自分からはまったく想像もつかないもので、途中経過を予測するのは不可能です。それゆえ、いつ、どのようにしてそうなるのかを細かく考える必要はないのです。

ただ、〝最終場面〟だけを、いま、ここで、よろこんでイメージすればいいだけです♪　その中で、お金や豊かさの象徴となるものにふれることで、具現化を加速させることを楽しんでください。

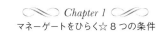

お金持ちの実態を知っておく

いまはあなたの知らない世界☆
でも、あなたにも叶う世界

お金と豊かさについて想像し、何かを望むというとき、その規模は自分の知っている世界によって、変わってくるものです。

よりスケールの大きな豊かさを望んでいるなら、日ごろ、お金持ちがいったいどんなことをしているのかに興味津々でいてください。

興味を持つのは〝うらやましがるため〟だけでなく、それをあなたも〝現実にするため〟です！　いまから参考にしておきましょう！

それには、身近なお金持ちや会社の社長の話を聞けるといいですね。彼らのそばにいて、彼らと何かを共にできるだけでも、かなり高揚感にあふれ、豊かな気分になれ、お金を惹き寄せる波動づくりに役立ちます。そういう人が自分のまわりにいない人は、本の著者のサイン会や、お金にまつわるセミナーに行ったり、お金持ち本の中にあるエピソードを参考にしてもいいでしょう。

さて、私の知人には、大きなスケールで叶えたいことをイメージし、豊かな人生をバンバン叶えている人がいます。

彼女は、某外国の不動産王の奥様で、ロサンゼルス、香港、日本、フランスと世界中に自宅を所有しており、そのときの気分で世界各国の自宅を行き来しています。

彼女の日常は半端なく優雅でリッチです！

たとえば、彼女の日本の自宅は億ションの高層階で、家具はすべて「こんなのがあったらいいなぁ♪」と、彼女がデザインしたオーダーメイドインテリア！　その食器棚には、バカラのグラスがキラキラ並んでいます。

音楽を聴きたいというときには、ＣＤを聴くのではなく、なんと！　オーケストラを自宅に呼び、その生演奏の音を楽しんでいます。

友人を集めてちょっとしたパーティーをしたいなぁというときには、自宅のお部屋ではなく、わざわざ300名がゆったり入るホテルの会場をおさえ、そこでゲストにスペシャルなコースディナーをふるまいます。そこでは、生バンドとともに、自身の趣味のサックスを演奏し、ディナーショーさながらのおもてなしをして、楽しんでいるのです。もちろん！　ドレスはオーダーメイドの何着かをとっかえひっかえして着替え、素肌には大きな宝石が！


そんな彼女とこのあいだお食事をする機会があり、こんなことを聞いてみました。

「こういう素敵な生活を叶えることを、昔から、イメージしていたの？」と。

すると彼女はこう答えました。「そうよ。なんでもイメージするし、その通りになっているわね。というより、〝決めていた〟というほうが正しいかもしれないわ」と。

彼女は「決めていた」と言っていますが、何を隠そう！　これこそが究極の願望実現のやり方であり、望むものを手堅く手にする方法でもあるのです！

〝「決める」ことで、望みが叶う〟ということについては、これまでの著書の中で何度もお伝えしていることでもありますが、「決める」ことがなぜいいのでしょうか？

それは、「決める」と、あなたの心に、望むものの〝ひな形〟がすっかりできあがり、その〝ひな形〟が、現実に姿を現すための〝道〟をつくり出しはじめるからです！


さらに彼女に、そのリッチな人生を叶えさせてくれたきっかけともなるご主人との出逢いについて聞いてみました。すると、なんと！　あるホテルのロビーで、一目惚《ぼ》れされ、突然みそめられたのだそうです！　なんとも、すごい運命の出逢い‼

もちろん、理想のパートナーと結ばれることになることも、決めていたとか。


マネーゲートがひらくとき、宇宙はお金をもたらすだけではありません。人生全体が豊かさに埋もれる変化を起こし、どこまでも続く幸せを叶えてくれるのです。

その豊かさの中で最も素敵な宇宙からの贈り物は、たとえば愛するパートナーかもしれませんね。

心のドラマを〝本物〟にする秘訣

自分の中で「ハッピー・ストーリー」を創作し、現実でON AIR!

あなたの叶えたいことを、心の中でドラマ化してください。

映画監督になったつもりで、自分を主演女優にし、自分に見せたい、いや与えたい人生をしっかり演じさせるのです！　それを心に放映するとき、宇宙でも放映されるようになり、やがて現実でもＯＮ ＡＩＲされることになります！


心のドラマを創作するには、何かヒントになるものがあると便利でしょう♪　私が好んでヒントにしていたのは、映画『プリティ・ウーマン』！

あのビバリーヒルズのロデオドライブで、プリティ・ウーマンの音楽の流れる中、主人公の女性が惜しげもなく高価なものを買いまくる場面は、衝撃的で、観ているだけでわくわくしたものです♪　高揚感あふれまくりでした！

映画の存在を知ったのは、私がまだプアーな頃、自宅のテレビでその映画が流れたときでした。私はいっぺんにとりこになり、すぐに映画のDVDを買ってきては、毎日毎日、観ていました。

そんなある日、会社が次に世に出すアメリカの最新美容技術とその関連商品の販売準備のために、ロサンゼルスでその講習を受けることになりました。当初は私ではなく、別の美容部員が行くはずでした。が、その人が突然行けなくなり、私に白羽の矢が立ったのです！

そのとき、私は仕事だというのに、あまりにもうれしくて、ビバリーヒルズの観光パンフレットを手に持ったままアメリカへ。日本から同行したスタッフにそれが見つかると、彼女は「そんなもの持ってるなんて、不謹慎よ!!」と怒りました。しかし、そのやりとりを見た現地のスタッフは、寛大で、「おいおい。せっかく日本から来たんだから。ついでに楽しんで帰ればいいんだよ♪」と言ってくれたのです。

そして、その現地のスタッフが案内してくれることとなり、私は初めて、夢にまで見たビバリーヒルズの地に降り立ったのです！

ただ、そのときは、まだ自由に使えるお金など持っておらず、指をくわえて、外から店を眺めるのが精一杯でした。

しかし、だからこそ、私は決めていました。「よし！　絶対に成功して、もう一度、いや何度でも、ここに来るぞ！」と。そして、次に来るときには〝こうしたい〟ということを、その場であれこれ想像していたのです。


次にビバリーヒルズを訪れたのは、作家になってからのプライベートで、でした。

私がしょっちゅう行くようになると、今度は、そこで本を書く仕事も生まれ、出版社の担当者とも一緒に行くことにもなりました。結果的に、憧れのビバリーヒルズに、私は何度も訪れることになったのです！

もちろん！　そのときには、あの映画と同じことをやってみたいと、映画の舞台となったビバリー・ウィルシャーというホテルに泊まり、運転手付きのロールスロイスで連日ロデオドライブをし、ほしいものを買いまくってきました（笑）。

ビバリーヒルズに行ったついでに訪れたラスベガスでも、私はまた新たな夢を見せてもらえたものです。実際に現場へ行くことでしか想像できない豊かな夢はたくさんあるもので、心はいくらでも大きなスケールの人生を示してくれたものです。

さて、誤解のないようにお伝えしておきますと、高価なものやブランド品を買うことが究極の幸せだと言っているわけではありません。それがお金持ちの暮らしだと言っているのでもありません。

私自身も、私の知っているお金持ちや成功者たちも、不必要に高価なものは買いませんし、自分の可能な範囲で社会貢献できるところには、惜しみなく貢献しているというのも事実です。みんなそれを知らないだけです。

何か高価なものを持てたというそれがいいのではなく、そういうことさえも本当にできるところまで、「自己実現」できることが素晴らしいのかもしれません。

ついでに、もうひとつ……。

お金持ちが高価なものを買っただけで、家にすごい調度品があるというだけで、世間には「あの人はとても贅沢をしている」「お金使いが荒い」などと批判する人がいます。が、お金持ちのお金の使い方は、贅沢でもなんでもありません。金銭的な余裕があり、かんたんにそれが買えるから買っているだけで、彼らにしてみれば、贅沢ではなく、日常的な〝ふつうの買い物〟なのです。

贅沢というのは、自分の収入にみあわないものを無理して見栄を張るために買ったり、なんでもかんでも後先を考えず買って後悔したり、どこかからお金を借りてまで浪費したりすることではないでしょうか。

ただ、これもお金と豊かさに向き合うときに大切なことなので、お伝えしておきたいのですが、なんでもかんでも無意味に「贅沢が悪いものだ」と決めつけるのもよくありません。

たとえば、ファストフードばかりで昼食代を節約しているＯＬさんが、ときどき『ミシュランガイド』に載るような高級レストランでフレンチのフルコースディナーを食べるのは、それなりによろこばしいことです。

うれしい気持ちで、心地良く叶えられる贅沢は、気分やモチベーションを高め、感動を与えてもくれます。それによって「よし！　またこれができるように、がんばろう！」と、仕事へのやる気が出たりもするのですから。

〝得た〟あとの準備をする

心の中で先に受け取ること！
それだけで、あなたのものになる♪

あなたにほしいものがあるときは、それが何であれ、見た瞬間から、「これは手に入る」「これは私のもの」というように、〝すでに得た〟ものとしてください。

そして同時に、それを使っている自分や、身につけている自分、それが自分のお部屋にある様子や、それを好ましく見ている場面に思いをはせ、楽しんでください。

すると、想像もしなかった方法で、思ったより早く、あなたのものとなります！

この〝すでに得た〟ものとするというのは、あなたの潜在意識（心の奥底にある〝無意識の領域〟）に、「これは私のものだから、早く持ってきてね」と伝えていることになるので、その結果、持ってきてもらえるようになるのです。

潜在意識は、あなたが受け取ると確信しているものを、すんなり現実で引き渡してくれます。ですから、望むものがあったら、自分がそれを見た瞬間から、すでに〝得た〟気になっていてください。

たとえば、買いたいものがあるものの、高価ですぐには手を出せないときでも、「これを受け取ろう」「これは私のところにくる」とするのです。決して「ほしいけれど、高いから買えない」「私には手にできそうもない」と思ったり、言ったりしないでください。

そうではなく、それを手にしたり、身につけたりしていることをイメージし、愛しくなでたり、よろこんだりして、楽しんでしまうのです。

素敵な海外に行きたいという場合でも、イメージの中で飛行機に乗りこみ、現地に先に行ってください。訪れたい土地や、ショッピングを楽しむさまを、よろこんでイメージするのです。どんなにいい気分でしょう♪　きっと、ルンルンするはずです。

マイホームがほしいというときも同じです。先に住みたい家をイメージし、好きな家具を部屋に置き、大きなソファでゆったりくつろぎ、紅茶でも飲んでいる自分をイメージするのです。「一戸建ての家がほしいけれど、土地もなければ、建築資金もないし」というのではなく、「私は豪邸に住むことになる」「もう、私はそこにいる」と。

イメージしたくらいで何になる!?と、バカにしないでください。あなたは自分のイメージの強烈なパワーの影響を受け、〝いまの現実〟を叶えているのですから。

あなたが先にイメージの中でそうしてしまうと、現実はあとからついてくるしかなくなります。というのも、すべては、思考し、イメージし、そのムードを感じ、その波動が発生した瞬間からはじまるからです。

何かが手に入らない状態、貧しい状態、困難な状態、不可能な状態のまま、まったく変わらないというのは、あなたの思考やイメージや感情が、豊かさや希望や可能性や結果に向かうものに変えられていないからです。

Chapter2

すんなり受け取る☆マインド・セットの秘密

自分を整えながら、
良きものを迎える準備をする！

お金のピンチからすっかり抜け出す方法

不安・恐れ・混乱から自由になるとき、すべてが良くなるもの

お金に困ったときやお金の問題を抱えたとき、最もしてはいけないことは、「どうしよう！　困った、困った、困った！」と騒ぎ立て、恐れ、不安になり、ひどく心配し、混乱することです。

そういうときこそ、「大丈夫、なんとかなる！」と、いったん落ち着いてほしいのです。というのも、そこからすべてがより良く変わっていくからです。

人は、まず落ち着くだけで、そこからどのようにすればお金をつくれるのか、そのアイデアや解決策を見い出せるようになり、自分がお金を生み出す術《すべ》や、どこかから

お金を惹き寄せるチャンスも手にできるようになります。

そうして、そこから、必要な行動を通して、お金を得ることもできるからです！

混乱せず、平然とし、いつもの自信に満ちた自分でいれば、人は、〝あらゆるお金のチャンスと可能性〟をかんたんにみつけられます。


たとえば、今日一日働くことでお金が得られる場所はどこかにないだろうか、少しお金の融通がききそうなところはないだろうか、自分が持っているもので売れるものはないだろうかと、創造的に考えられる人でいられるものです。

また、自分のアイデアやサービスや情報や品物や才能や特技を用いて、誰かをサポートしたり、何かに奉仕したりすることで、お金を得られる方法はないだろうかと、そういうことをしっかり考えて、必要な行動に出られるわけです。


ときには、リラックスしているときに、突然、「あっ、そうだ！」と〝あて〟（得策やアイデア）を思いつくこともあります。

そうして、たとえば、保険会社に連絡したい気になり、電話をかけて話を聞いてみると「貸付」が受けられることがわかったり、貯まった配当金を受け取れることがわかったりするのです。

あるいは、ひょっこり電話してきた誰かに、なんとなくお金の事情を話したことで、「それなら、これで」とタイミングよく、当面しのげるお金を工面してもらえることもあるものです。

それらは、困った中にあっても、混乱せず、平常の自分でいるよう努め、リラックスしたときに起こるものです。

しかし、そんな救世主が最も現れやすいのは、「すっかりこれを支払えて、よかった」と、解決したあとの状態をイメージし、先にホッと安堵したときです！

お金に困ったとき、多くの人が、困ったと騒ぎ立て、不安と恐怖にかられ、委縮してしまうから、すべてが絶望的になってしまうわけです。

けれども、現状が悲惨だからといって、頭の中、心の中、未来までも、同時に悲惨なものにする必要はありません。

どういう方向に思考をめぐらせるのかで、その先が変わってきます。お金に困った状態から抜け出し、金銭的自由を叶えたいなら、どんな状況の中でも、自由に、希望と可能性を見い出せる自分でいなくてはなりません。

豊かに思考し、豊かな言葉を口にし、豊かにイメージし、その豊かな気分をあじわえる自分でいることを習慣にしてください。すると、あなたから放たれる波動が変わり、それに引き続き、事態が豊かに好転します！

安心してください。入ってきます！

これほど金欠病に〝よく効く薬〟はない！
金銭事情が即☆健康的に！

あなたの金運に革命を起こすために必要なのは、お金の心配をやめ、恐れを捨て、いますぐ〝安心の境地〟に入ることです。

「心配すぎて、安心などできない！」などと言い続け、そんな心境にどっぷりつかりっぱなしでは、困窮する波動からなかなか抜け出せないし、お金を惹き寄せる波動を生み出せません。

いいですか！〝お金は、安心のある場所に流れる〟のだということを覚えておいてください。「最も安心し、リラックスしている人が、最も素早く、大きなお金を受け取る」というのが、宇宙の法則です！

お金の問題を抱えるとき、人は何かと心配します。それも、おおげさな形で。「これを支払えないと、一家離散だ」「これが払えないなんて、もう終わりだ」「お金のせいで、人生めちゃめちゃだ」と。

しかし、それは、現状ではなく、あなたの心の状態です。実際には、救われる道も、改善策も、お金を得る術も、無数にあるものです。

もし、請求書や借金の返済に追われているというのなら、どうか、それらすべてをポンとキャッシュで支払い、「ああ、これですべて終わった。ああ、よかった♪」と、その〝解決の瞬間〟をリアルに思い描き、ほっとしてしまってください。先に心で得たものを、この現実は引き起こすからです。

そして、もし、あなたに借金がすべてなくなって、ほっとしたら何をしているのかを考えてみてください。それから、思いつくそれを、いますぐしてみるのです。

「ああ、良かった」と、胸をなでおろし、おいしい紅茶を飲んでいるというなら、いますぐおいしい紅茶をいれて、くつろぎましょう。

支払いや借金が終わったら、家族と旅行でも行こうと思っているなら、その旅行をいますぐプランニングするのです！　旅行会社に行って、パンフレットをもらってきて、行く段取りをし、手帳にもうそのスケジュールを記入しておいてください。

「そんなことできないわ！　こんなにもお金に困っているのに‼」「まだ何も解決していないのに！　そんな気になれない」と、反発しても事態は変わりません。

あなたが反発すべきは、お金に困った状態が長引いていることです。

いいですか！〝何か安心できる要素や出来事〟のあるなしに関係なく、自らの意志で、先に安心をつくり出すのです。

「安心できない！　眠れない！　心配でしかたない！」と言い続けるのは、自ら解決を遅らせているのと同じであり、さらに悲惨な状態を呼ぶだけなのですから。

あなたが、何も心配せず、ただ、可能な限りの安心と希望と可能性を生み出すとき、お金の事情が好転し、思いもよらぬ形で解決を迎えます！

「借金」と「請求書」を「入金明細」に変える

お金が目の前にポンと現われる☆高次元な黄金律とは⁉

もし、あなたになんらかの借金やローンや負債があり、請求書や督促状に追われ、経済的に困っているというのなら、それらをすべて〝真逆〟に考えてください。

つまり、請求書が来るたびに、それを〝入金明細〟だとし、「それと同等のお金か、その倍のお金がこのあとすぐに入ってくる！」と解釈するのです。そして、まだ1円たりとも入ってきていないうちから、先に、心の中でこう感謝するのです。

「神様、ありがとうございます！　私はいま、大きな入金明細を受け取りました。このお金によって、私は救われます。神様のご配慮に、心より感謝いたします」「必要なお金を工面してくださって、ありがとうございます」「守っていただき、ありがとうございます！」と。

そうやって、望ましい解釈をし、イメージの中で先に解決をみて、ホッとし、感謝するその行為を通して、感謝の波動を自分の内側から外側へと放ってください。

その波動がまわりに広がるやいなや、あなたの困窮した経済状況に、救いの手が差し伸べられ、なぜか突然、意外なところから、お金が入ってきます！

そもそも、**「感謝」は、それ自体、高次元の波動であり、すべてを好転させるパワーを持っているものです！**

このやり方は、私がこれまでの人生の中で実際に実践してきたことです。そのあまりの効果に、驚くばかりでした。

初めて実戦したきっかけは、かの有名な潜在意識（心の奥底にある〝無意識の領域〟）の世界的権威であり、願望実現のパイオニア的存在である尊敬するジョセフ・マーフィー博士の本を読んだことでした。

「借金や請求書を〝入金明細〟だと思いなさい、ですって!?　そんなこと！」と、あまりにも突拍子もないように思えるマーフィー博士のこの理論に出逢ったとき、ひっくりかえりそうになったものです。

ただ、お金に困っているとき、「ああ、これが請求じゃなくて、入金だったらどんなにいいだろう〜」と、思ったことは多々ありました。このやり方に頼るしかなかったこともあり、本気で、意図的にやってみたのです。「これで、私の経済状況が良くなるのなら♪」と。やらないよりはいいかも！と。

実際にやってみると、わかりますが、請求書が来るたびに、「はい、また入金ありがとう！」「私には入金明細が毎月次々届いて、びっくりするほどお金に恵まれ、満たされています！」「神様、お金をありがとう！　本当に助かりました！　また、ぜひ、入金よろしくお願いいたします」と、心の中で唱え続けたら、本当に気持ちが変化してくるものです。

現実にはまだ何も起こっていないうちに、どこからくるのかわからない、なんともいえない安心感と、満足感に満たされていきます。

そのどこからくるのかわからないものの正体は、いまならわかります。それは、潜在意識にこちらの望みが引き渡されたサインとしてわきあがってくる〝お金が来る予兆〟のエネルギーです！

そのエネルギーを感じたあと、引き続き、現実が突然変わり、お金がやってきます！

実際に私の身に起きたエピソードを、お伝えしましょう。

仕事もお金も助けてくれる人もなく、経済的に困窮していた頃のことです。ある日、もはや何もする術がないというところまで追い詰められていました。そこで、私は請求書を手にし、入金明細ととらえ、感謝してみたのです。

それはもう切実な願いで、もう、涙がボロボロ出るほど、おえつがもれるほど、何百回も「ありがとうございます」と唱えたものです。

すると、その後、突然、道がひらけたのです！　生活のためにすぐにでも工面しなくてはならなかったお金を、工面しなくても良くなったのです。

きっかけは、たまたま「どう、ごはんでも？」と連絡してきたEさんに、何気なく自分の経済状態について、話したことでした。Eさんは私の話を親身になって聞いてくれたものの、自分もお金に余裕がなかったようで、すまなさそうな顔をして、こう言ったのです。「ごめんね。話を聞くだけで、何の力にもなれなくて。僕にもお金があれば、なんとかしてあげられたものを」

私は「ううん、そんなこと！　私こそ、変な話を聞かせてしまって、ごめんなさい。でも、辛い胸のうちを聞いてもらえただけで、なんだかスッキリしたわ。ありがとう」と。

もちろん私は、はなからEさんに借りることなど考えていませんでした。自分のこれからの生き方をどうすべきかについて相談に乗ってもらっていただけです。が、その中で、お金の話が自然に出て……。

Eさんは自分ではどうしていいかわからないものの、力になりたいと思ってくれたのでしょう。たまたまその日の夜会った知人のFさんに「こういう人がいてね、お金をなんとかしてあげたいんだけど、これぱっかりはねぇ……」と、何気なく、会話のひとつとして話したのです。

すると、事情を聞いたFさんが、自分なりの理由で「僕でよければ、力になりたい」と思い、何の縁もゆかりもない私に１００万円を貸してくれることになったのです。

翌日、Eさんが銀行の袋に入っているお金を持ってきて、「はい。これ」と、ポンと喫茶店のテーブルに置いたときには、本当に驚きました。誰かが魔法をかけた!!としか、思えない出来事でした。

あとから聞いた話によると、Fさんは30代で、すでに３０００万円の貯金を持っていて、特に使うこともなかったから、「何かのご縁だし、僕に力になれるなら」と、軽い気持ちで貸してくれたそうです。お金持ちに助けられたことがきっかけで、本気でお金持ちになりたいと思った一件でもありました。

さて、この話にはまだ続きがあって……。

そのお金で一時的に救われ、ほっとしていると、突然、私にある仕事が入ってきたのです。その仕事の報酬は４か月後に入る予定でした。が、なぜか突然、翌月に振り込まれたのです！　その会社の経理の事情が変わったことで！

そのおかげで、私はFさんに、思ったより早くお金を返済することができたのです。

そのとき入ってきたお金は、返済してもなおも大きな余剰が出るほどのものでした。

金銭事情を、自発的に、肯定的に、豊かに、無限に、よろこばしく望むものに思考し、イメージ、感謝できる人は、いつでも、何があっても、お金に困ることはないでしょう。

潜在意識は、とにかく、こちらが何を送りこもうと、それを受け取り、再現する性質を持っているのですから！

お金の融通ができたことを祝福する♪

お金を「借りた」ことで「得た」ものに対して、ありがたみを持つ

マネーゲートをしっかりひらき、「金運革命」を起こせるような、肯定的で豊かな思考をしていくためには、あらゆる角度から、これまで自分が受けた恩恵を見つめなおすことが大切です。

たとえば、いまのあなたにたくさんの借金やローンがあるというのは、かつて、そのお金を、どこかの金融機関や誰かが、あなたに「貸してくれた」ということです。

あなたにお金を貸した側は、あなたの申し出や頼み、手続きに同意をし、あなたという人のためになるべく、要望を叶えてくれたわけです。それって、とてもありがたいことだと思いませんか？　忘れてはいけませんよ。思い出してください。

あなたは、そのとき、お金を借りられたおかげで、困った何かから大きく救われ、目の前の何かを解決し、物事を整えられ、前に進めたはずなのです。せっぱつまった状態を、なんとか切り抜けられたわけです。

必要なものや求めるものを手に入れ、よろこんでいたはずですし、そのお金の審査や許可が下りて、ほっとしたはずなのです。もしもそのとき、そのお金を誰もどこも貸してくれなかったら、しのげなかった何かがあったはずです。そうでしょ？

借りることができたお金のおかげで、救われたのなら、悲惨になるのではなく、感謝を持ってしかるべきです。

「このお金で大きく救われました。ありがとうございます」「私を信じて大きなお金を工面してくださった方、本当にありがとうございます」と。

そして、「このお金の問題を抱えたおかげで、私はお金の大切さを知り、人さまのお力に救われ、ありがたみがわかりました。自分の人生を考え直し、立ち直すチャンスをいただけました」「本当にお金と豊かさの大切さに気づき、だからこそ、もう二度と苦しまないよう、しっかり豊かになり、お金も幸せも受け取る気になれたことに感謝します」と思ってこそ、成長できるわけです。

受けた恩恵の〝ありがたみ〟と〝尊さ〟と〝価値〟をしっかりと理解し、ひとりシークレットに、心をこめて感謝するとき、そのエネルギーは濃密なものとなり、パワーを拡大させ、あなたの経済事態をみごとに好転させるものとなります！

あなたが人知れず、心の中に感謝の念を育むとき、それは宇宙にすぐに伝わり、人に伝わり、まわりに感謝の磁力フィールドをつくります。すると、あなたのいるところに向かって、あらゆる領域からあなたを助ける手が差し伸べられ、必要なお金がやってきて、経済的ピンチから解放されるのです！

さて、借金をしている人の中には、自分が借金をしていることに負い目を感じたり、ローン地獄の身であることを卑下したり、お金の問題に弱く、人生に失敗していると考えがちな人もいるものです。

が、そんなふうに一切思わないでください。決してそうではないからです。

あなたは、「信頼」を得たからこそ、お金を借りられたのであり、そういう価値がある人だと認められて前へ進めたのだと、それを誇りに思ってもいいくらいです。

この世の中の偉大なる成功者の多くが、過去に大きなお金を失ったり、借金を抱えたりもしています。しかし、彼らがその経済的苦境から立ち上がり、みごとにお金持ちなれたのは、他人になんと言われようと、自分の価値を、自分でちゃんと認め続けてきたからです。

もし、あまりにも大きな額のお金を背負っていて、何もかもが絶望的に見えるときは、すぐに基本の法則に戻ってください。

つまり「ここからすべてはよくなる！」「お金を素早く完済できる！」「お金の問題は、すっかり解決した！」「必要なお金に満たされる。私はどこにいても豊かさを受け取れる」と、そうやって豊かに思考し、希望と可能性にフォーカスすることです。

絶望の淵にいて、人間ができる仕事はただひとつ、〝希望を持つこと〟だけだからです！

そうして可能性を抱き、心が満たされた状態で得た閃きやアイデアに、ついていってみるといいでしょう。とにかく、考えうる中で最も前向きな行動に自分を向かわせるのです。

借金があるとき、人は自分一人で苦しみがちなものです。お金の悩みはなかなか他人には話せないからです。しかし、勇気をもって信頼できる誰かに話すことで、一時的にあなたを助けてくれる経済的協力者が現われるかもしれません。

また、債権者に自分の正直な事情を話すべく、「もう少し待ってほしい」「こうすれば、なんとか払えるのですが」と提案を申し出ることで、ダメだダメだと思っていた条件が動き、好ましい形に変更してもらえることもあるものです。せっぱつまっていた期限を伸ばしてもらえることも。

豊かな思考と、感謝の波動があれば、いくらでも、解決策があなたのもとに降りてきて、素早くそこから抜けださせてくれるものです！

〝ない状態〟を、〝ある状態〟に変える口ぐせ

この「マインド・セット」で、みるみるお金を惹き寄せる！

お金を手にしたいなら、いますぐ「お金がほしい」という思いや口ぐせは捨てることです。なぜなら、〝ほしい〟と言うのは、むしろよけいにお金を遠ざける原因となるからです。それは、〝ない〟という欠乏感を示すもので、それを強調し、拡大してしまいます。

かわりに、次のように思い、口にすると良いでしょう。

「私は、すでにお金を持っている」「私には十分ある」「それはもっとやってくる」「お金はどこかから入ってくる！」「お金に困ることはない」「必要なお金はいつも夕

イミングよく満たされる！」と。

すると、あなたの中からあらゆる欠乏感が瞬時に消え、本当にその通りのことが起こります！

「ない」と意識していたものを、「ある」と意識するだけで、豊かさを叶える「マインド・セット」が自動的になされ、お金がどこからかあなたのところにまわってくるのです！

そのとき〝ない状態〟があなたの中から勝手に消え、引き続き、〝ある状態〟が自然に現れるのです！

ちなみに脳は、同時に二つ以上の思考を持てないので、あなたが豊かなことを考えているときは、貧しさについては考えられません。必然的に脳は豊かな思考のほうにかかわることになり、全細胞に豊かな思考に基づく指令を発します。

あなたの思考（頭）が変わると、それにしたがい感情も変わり、エネルギーも変わります。エネルギーが変わると、あなたの放つ波動が変わります。そのとき、この現実に〝惹き寄せるもの〟も、ガラッと変わるのです！

大富豪ごっこをして遊ぶ

どれだけ〝豊かな感性〟を楽しめるかが、成功のカギ！

私の知人のSさんは、学歴もお金も人脈も才能もありませんでしたが、わずか数年で年商数十億円の会社のオーナーになったそうです。

彼が成功し、大きなお金を手にできた理由を、彼は「貧しいときから、豊かさごっこ＝大富豪のまねごとを〝言葉遊び〟としてやっていたからだと言います。

彼は、何も持っていなかった頃、自分の状態に目を向けるとみじめな気持ちになるだけでした。ボロアパート、インスタント食品ばかりの生活、支払いの滞った請求書……現状にフォーカスしようものなら、泣きそうになるものばかりで、お先真っ暗に思えたほどです。

それゆえ、あえて、現状には意識を向けませんでした。反対に、憧れにフォーカスし、とにかく、すべてにおいて豊かなものの考え方をし、大きなことを言うようにし、それを自分の耳でしっかりと聞き、素直に受け入れ、「絶対に、ここからお金持ちになる！」と決めたのでした。

いったんそう決めると彼は徹底していました。食べるものがろくにないときには「僕より困っている人に、食べ物をぜんぶ分けたことにしよう。みんな、たくさん食べて！　そのかわり、僕はあとで神様からいただくよ」と思うようにしたのです。

また、ねずみが出るボロアパートに嫌気がさしたときには、こう考えました。

「この国の土地は僕のもの。でも、こんなに広くて大きな日本国土を僕一人では使えないから、みんなに貸してあげるね。僕は、お布団ひとつあればいい」

デパートに行っても何も買えず、眺めるしかできないときも、お金持ち思考を忘れませんでした。「このデパートの商品はぜんぶ僕が仕入れたもの。でも、ほとんどいらないから、みんなに売ってあげるね。好きなものを買うといいよ」

そう思うことで、満たされた気持ちでいられたそうです。

ときには富士山を見て、「あれは僕の山。でも、みんなが登山したいなら、いいよ。楽しんできてね」と考えるお遊びをしては、笑って気を晴らしたのです。

そうやって、いつも、どんなときも、豊かな気持ちでいられるきっかけをうまく自分でつくり出していたのです。

すると、どこからともなく、希望がわいてきて、本当に感動し、涙があふれ、自然に「神様ありがとうございます！」という謙虚な気持ちになり、同時に、「絶対に成功してみせる！」と、やる気がわいてきたといいます。

そうして、そんな豊かさごっこ＝大富豪のまねごとをしているうちに、彼は、本物の大富豪になったのです！

これは、何も、ふざけて言ったバカなことが叶ったというような単純な話ではありません。何かにつけ豊かなものの見方や感性で過ごしたことで、自分の仕事を考えるときでも、豊かな発想、豊かなアイデア、豊かなサービス、豊かなやり方を生み出せたのです。

そうやってユニークな思い方で仕事を展開するうちに、事業が成功し、それにみあう豊かな報酬を手にできる人物になったのでした！

彼は自身の成功の秘訣について、こう語っていました。

「ほしいものは、すでに得たつもりでいればいいんだよ、何でも大きく考えるようにするのさ。そう楽観していると、なぜか、そうなっていくものだよ」と。

現状がどんなに貧しく限界的であったとしても、イメージの世界には限界がありません。いくらでも自由にのびのびと大きく豊かに物事を思考し、イメージし、「結果」を受け取ることができるのです。

あなたが自発的にそうするとき、マネーゲートもまた自発的にひらき、あなたの人生にお金を流してくれるのです。

プアーをリッチにすり替える

現状を嘆かない☆ ただ、叶えたい状態にフォーカスしていく

前項の「大富豪ごっこをして遊ぶ」のところでは、不本意な現状に置かれていた男性が、そこからうまく豊かになる現実の捉え方をして、やがて、自分を成功と豊かさに連れていきました。

ここでは、私流にアレンジした豊かさごっこをお伝えしましょう。

それは、小さくて、いつもなかみがからっぽだったわが家の冷蔵庫がくれた「金運革命」についてのお話——冷蔵庫のドアをあけるたびに、自発的にマネーゲートをひらいたというエピソードです。

まだ上京前の貧しかった頃、わが家の冷蔵庫の中には、ほとんど何もありませんでした。「ママ、お腹すいた～、何か食べるものないの～?」と、子どもたちがひもじそうに冷蔵庫のドアをあけても、入っているのは脱臭剤と、みそと、マーガリンだけ。食べ物を買い置きする余裕もなかったので、一食分食べると冷蔵庫はいつもすぐからっぽでした。やっと食材を買ってきたとしても、もやしとミンチばかり。それでも家庭の事情をわかっている子どもたちはおとなしく、それだけでごはんを食べていました。

あるとき、いつものようにもやしとミンチの炒め物を食べていると、なぜかその日に限って、隣の家からおいしそうな焼き肉のにおいが強烈に漂ってきたのです。どうも、バルコニーで焼き肉パーティーでもしていたよう。

とてもおいしそうなにおい……子どもたちは何も言いませんでしたが、育ち盛りでしたので、食べたかったに違いありません。私のおなかもグーグー鳴っていました。

子どもたちは、いつも痩せていて、ひょろひょろでした。もやしばかり食べさせていたせいか、〝もやし君〟のようになっていました。

また、子どもに少しでもたくさん食べさせてあげたいと、自分の分は少なめにしていたので、私自身、あまり夕食に満足することはありませんでした。実際、当時、私は体重は41kgくらいで、お洋服は5号のものが入るくらい痩せていました。

その日、隣から漂ってきた焼き肉のにおいは、やけに私をみじめにしました。と同時に、私の中からこんな思いが強くわきあがったのでした。「ああ〜、子どもたちに毎日おなかいっぱいおいしいお肉を食べさせてあげたい!! そのためにも、早くお金持ちになりたい!」

それに、食べ物だけでなく、着るものも、持つものも、満足なものをそろえてあげたい！と、そう思ったのでした。

素敵な夢など持つ余裕もないほど、ただ、来る日も来る日も、明日食べるごはんの心配ばかりしていました。

けれども、だんだんと、心配にやられっぱなしでいるのにも、ほとほと嫌気がさしてきたのです。

そこで私は、「冷蔵庫に分厚い大きなステーキと高級フルーツを、常にきらさず、ぎっしり詰めておくぞ！」と、冷蔵庫の中がいろんな食材で豊かに潤っている様子をイメージすることにしました。そう、からっぽの冷蔵庫のドアをあけるたびに！

目の前にひろがる実際の景色は、いつも何もなくからっぽでしたが、私のイメージの中では、大きなステーキや高級フルーツがぎっしりでした。その豊かなイメージへと自分をつなげることが、どれほど大切な日課だったことか！

スーパーへ行っても、豊かな食生活に対するイメージは離れませんでした。実際にはバナナを買いながらも、「メロンを大量に迎えられる日は来る！」と信じていたのです。

さて、その貧しい時代からイメージしていたことは、どんなふうに叶ったと思います？　次の項で続きをどうぞ♪

望むことに飽きたとたん、奇跡が起こる！

それをすっかり手放す！
すると、宇宙が動き出す！

来る日も来る日も、メロンやステーキでいっぱいの冷蔵庫をイメージし続けた私。
しかし、ある日突然、叶ってほしいことを望むことに〝飽きた〟のです。

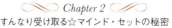

いや、それをどういう言葉で表現するのがふさわしいのか。とにかく、「もうこれ以上、そう思わなくてもいい」という、手放したい感覚というか、もうそのことにおなかいっぱいになったような感覚が来たのです。

もう、望みに対するなんの思考もイメージも感情も持ちたいと思わなくなり、もうそれを必要とさえしておらず、望みについて気にかけていなくていい、もう何も想像すらしなくてもいいという、えらくすっきりした解放的な感覚がやってきたのでした。

いまなら、その状態がどういうものだったのか、わかります。

それは、過飽和状態！　その状態にあるとき、奇跡が起こりやすいもの！

いうなれば、「もう、そのことはすんだ」というような、〝本当にすべてがすっかり解決したような感覚〟です。何を隠そう！　この感覚こそ、完全に願望が潜在意識に引き渡され、宇宙が具現化する段取りに入った証拠！


もう、からっぽの冷蔵庫のドアをあけても、何も心配がわいてこなくなり、「そのうち、メロンとステーキでぎっしりになるだろう♪」と、どこからともなく、〝良い予感〟がしたのです。何の根拠もないのに、そうなることをなぜか軽く確信できました。


その後、ほどなくして、私は、作家デビュー！　そして、すぐに上京！

たちまち大きなお金がやってきたわけです。

しかし、実際に大金を手にすることになっても、私は自分でメロンを買いに行きませんでした。「えっ⁉ なぜ？ そうするつもりじゃなかったの？」、そんな質問がやってきそうですね。なぜだと思います？

それは当時（上京直後に）私が住んでいた家のオーナーがお金持ちで、知人のお金持ちたちから「桐の箱入り」で送られてくるメロンを、わが家にすべてプレゼントしてくれたからです。「うちは誰もメロンを食べないから、もらってくださらない？」と。しかも、毎月のように！ それゆえ、買うまでもなかったのです（笑）。

おもしろいのは、潜在意識（あなたの心の奥底にある〝無意識の領域〟）が望みを叶えてくれるというとき、こちらがただ〝ステーキやメロンでぎっしりの冷蔵庫の中〟を想像しているだけなのに、〝それは何を意味するのか〟という意図まで、察知し、実に気の利いたやり方で、それを叶えてくれるということです。

つまり、「そういったものをいつでも確保できるほどのお金持ちに、あなたをさせればいいのですね。それなら、おやすい御用です」とでも言っているかのように！

潜在意識が受け取ったイメージを実際に叶えるというとき、その手段は実にユニークで、それまで自分が頭で考えていたような常識的なルートをとらないことが多々あります。驚きますし、「へぇ〜、こうやって叶うものなのか！　それにしても、規模でかっ‼」と、笑ってしまいます。

しかも、それは、拍子抜けするくらいあっさり叶います。早い段階で！

あの頃のわが家では、潜在意識の働きのせいで、いや、おかげで、「桐の箱」に入った高級メロンがうそみたいにたくさんありました。

しかも置いているうちにどんどん熟れて食べ頃になっていったので、これ以上熟れすぎないようにと、必死で食べなくてはなりませんでした。一人何個ものメロンのノルマがあるほどで、ついには、細かくカットしていてはらちがあかず、1個まるごとをスパンと半分に切って、スプーンを使ってパクパクと食べなくてはなりませんでした（笑）。

それでも食べ切れないほどのメロンが届けられてきたので、しまいには、ジューサーでメロンジュースにして、毎日水のように、ごくごく飲んでいたほど。

子どもたちの口からは「メロン攻撃、やめてよ〜(笑)」という言葉が出るしまつ。「もう毎日メロン三昧で、メロンが嫌いになりそうだ〜」と友達にも冗談で話していたくらい。

しかも、いったん潜在意識が何かを叶えだしたら、〝幸運の複利付き〟で叶えてくれるので、わが家には、メロン以外の高級食材までが、たくさん届くようになったのです。「なみ先生、マスカットはお好きですか?」「おいしいさくらんぼがあるので、どうぞ♪」「僕の食べているお米がおいしくて、ぜひとも先生とご家族にこのお米をと思うのですが、お送りしてもよろしいですか?」「魚介類はお好きですか? アワビと伊勢海老のいい仕入れ先がありまして、箱でいくつも買っているので、先生にもおすそわけしたいのですが」と、それはそれはいろんな高級食材が、家のオーナーさんからだけでなく、出版社の社長さんや取引先の社長さんたちから、どっさりと!

おかげでわが家は、上京後すぐに、最新型の大型冷蔵庫を2台も買うことになったわけです（笑）。

そういえば私は、冷蔵庫がからっぽの貧しい時代、冷蔵庫においしい高級食材がぎっしり詰まっているのをイメージし、それを望んでいたものの、「買うぞ！」とは思っていませんでした。

ただ、それが冷蔵庫にぎっしり「ある」というイメージと、よろこんでたわむれていただけでした。

惹き寄せるというとき、自ら買うのではなく、誰かやどこかから「もらう」ことが多いのも、おもしろい特徴です。そして、お金の場合も、「稼ぐ」のではなく、「やってくる」ということが多いもの！

Chapter3

みるみる運が良くなる☆お金の習慣

この日常のアクションで、
さらに経済状態を引き上げる！

金運のバロメーターは、ここに現れる

お財布とあなたの良い関係☆大金とご縁を結ぶための大切なこと

自分の持っているお財布をちょっと意識してみてください。お財布には、その人の金運が如実に表れているものです。

あなたのお財布は、良いお財布でしょうか？　金運を持っていそうですか？

たとえば、どんなに立派なブランドのバッグを持っていても、どんなに良いお洋服を着ていても、どれほど美人であっても、金運のない人は、すぐにわかります。なぜなら、お財布が汚いからです。また、安物のお財布を平気で何年もよれよれになるまで使っているからです。

男性の場合は、もっとはっきりわかります。金運のない人は、黒いお財布の端っこがすり切れていて白くなっているのが目立つか、革がめくれており、色あせているからです。しかも、お財布だけでなく、スーツもよれよれ。パリッとしていません。背中をまるめ、うつむき加減で歩いており、顔も情けなさげで、金運のなさが女性よりも浮き彫りになりやすいものです。

女性は、着飾る生き物だけに、たとえお金がなくても、食べずにダイエットしてでもなんとかおしゃれしたいと、カードで美しいお洋服を買ったりするところがあるものですが、男性はそれさえしないので、表ににじみ出やすいです。

さて、いまのお財布を使って3年以上の月日が経っているとしたら、買い替えたいところです。

見たらわかるでしょうが、3年も使っていれば、汚れたり、革の色があせたり、端っこが破れかけていたりして、よれよれし、くたびれているはずです。

そのお財布の姿を見れば、どうも金運の波動がなくなっていそうだというのを自分でも感じるでしょう。

それに、そのお財布を3年前に買ったのだとしたら、それは、3年前のあなたのエネルギーを表してもいるのです。

いまのあなたが3年前より、意識も高く成長しており、お金や豊かさについても真剣に考えるようになっているというなら、なおのこと、いまの自分にふさわしい、新しい波動を持つ財布を持ち直すことをオススメします。

また、お財布がボロボロになっていなかったとしても、もし、あなたが突然、「そろそろ良いお財布を持ちたいなぁ」「もっと高価なものに買い替えようかなぁ」と思ったときは、金運に呼ばれている証拠！　ぜひ、そうしてください。

お財布を新調すると、新しい〝富気〟（金運を養う気・金運アップのもとになる気）を持つことができ、あなた自身、お金に対する意識が高まったことを、毎日はっきり自覚できます。それが金運アップにかかせないのです！

どんなお財布にするのが良いのかは、この先の項でも、詳しくお伝えします。

さて、ついでにお財布の扱い方についても、お伝えしておきましょう。

金運のない人は、お財布を雑に扱いがちで、たいがい家では、キッチンのテーブルの上などに置いていているものです。そこらへんに無造作に出していて、小さな子どもがさわっていても、平気な顔をしているものです。

ちなみに、キッチンにお財布を置くのは最もタブー！　キッチンという水と火の相剋の関係で、金運は一気にダウンします。

お財布は、部屋の北側の陽のあたらない場所か、金庫か、陽のあたらない場所に置いたボックスの中など、「お金関係専用の場所」に置くことです。

決して、サンサンと陽のあたる明るい場所にお財布や通帳や印鑑を置いてはいけません。すぐにお金が出ていくからです。

〝お金の居場所〟として、お財布やお金がリラックスして居座れるような、ゆったりしたお金専用の空間を家の中につくってあげることが、その家を豊かにする秘訣です。その空間に、金運は蓄えられるのです！

考えてもみてください。あなただって、家に帰ってきて、自分の居場所がなかったら、出ていきたくもなるでしょう。お金も同じなのです。

お金持ちは財布にここまでこだわる！

毎日連れて歩き、毎日使うものだから、満足感あふれるものを

お財布というのは毎日何度も手にし、そのつど、目にするものだけに、金運意識が育てやすいものです。

お財布にこだわれる人は、それだけ金運意識が高いといえます！　そしてそういう人は、当然のごとく、大きなお金を惹き寄せているものです。

さて、私がお世話になっている高級皮革製品オーダー専門店では、お金持ちたちがこぞって高級なクロコダイルで、オリジナルデザインのお財布をオーダーしてつくっており、何か月待ちにもなっています。

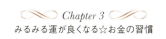

お金持ちたちは、財布が汚くなる前に、早い段階から、次に持ちたい金運とお財布をイメージして、それを得る準備をしているものです。

それは、何を意味するのかというと、つまり！

「お財布がボロボロになったり金運が落ちてから、あわてて買い替えるのではなく、金運が落ちないうちに、むしろ、金運が高いうちに、それをキープしたり、さらに高めるために、自発的にお財布というグッズでゲンかつぎしつつ、自分を高めるきっかけにしている」ということです！

自分のお財布にはいい意味でこだわり、愛着を持って大切にするほど、金銭感覚も高まり、お金を呼ぶ力がつくものです！

さて、私がそのお店から「お財布が仕上がりましたよ♪」という連絡を受けて取りに行くと、たいがい、スポーツ選手や著名人や、どこかの会社の社長さんなどに、バッタリ出逢うものです。

つい先日も、とても活躍しているスポーツ選手にバッタリ出逢い、仲良くなれたのですが、彼は、お財布とおそろいのクロコダイルのバッグもオーダーし、こう言っていました。「やっぱり、好きなものを身につけていると、気分が良いでしょ」と。そう、ここでオーダーしているのは、〝良い気分〟を買うためだというのです。そして、「良いものを持つと、さぁ、またがんばるぞ!! と、モチベーションが高まるしね」とも付け加えました。

オーダー製品なので、もちろん市販のものよりもお高く、数十万円もするわけですが、ここに来る人は、みんなニコニコよろこんでお金を支払って帰ります。

実際、手にしたらわかりますが、世界でたったひとつだけのその素晴らしい富気あふれるお財布は、なんともいえない高揚感をくれ、やる気にさせてくれるものです。

たかがお財布、されどお財布!! なのです。

ちなみに私は、プアーな時代でも、自慢ではないけれど、お財布だけは良いものを使っていました。

なぜか、どうしても、お財布だけは良いものを持ちたいと思っていて、お給与が24万円くらいのときから、8万円以上のものを買っていました。

まわりの人からは「よくそんな高いお財布を買えるよねぇ～。もっと安いものでも可愛いものがいっぱいあるよ」と、言われたものです。

しかし、いま思えば、そのこだわりは正解だったのでしょう！　のちに、金運に恵まれるようになったのですから。

人は、「これからもっと成功するぞ！」と精神的に高まろうとするとき、何のきっかけもなく、いきなり、「がんばろう！」とは、なれないところがあるものです。

しかし、何かを買うとか、どこかに行くとか、誰かに会うとか、何かしら実際の感動的な行為や場面をきっかけにして、モチベーションアップしやすいのは事実です。

ちなみに、ここで数十万円もの高いお財布をオーダーしていくお金持ちたちのお財布の共通点があります。それを、このお店のオーナーが教えてくれました。

彼らのお財布は、型は市販のお財布のサイズよりひとまわり大きめで、マチは200万円のお札がすっぽり入るほど広く、内側に仕様している革のカラーは土色系のもので、表の飾りや内部のチャックなど必ずどこかに「ゴールド」の金具がついているというものです。

これらの条件は、もちろん！「金運女神のお財布」に、ふさわしいものでした！
次の項で、より具体的にまねできるポイントを、お伝えしましょう！

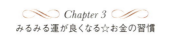

〝金運女神のお財布〟は、これ！

あなたのマネーが劇的にアップする「魔法のお財布」とは!?

金運のためにも、これからの人生向上のためにも、あなたの持つお財布を本当に〝良い財布〟にしてください。

〝良い財布〟とは、色やデザインなど見た目の良さだけを言っているのではなく、波動が良い財布ということです！

金運がつきはじめると、人は自然とお金にまつわることに注目しはじめ、なぜかお財布を新調したくなります。それによって気分を高めたいと思うものです。

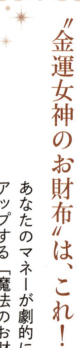

お財布を買うという、たったひとつのアクションが、自分の中の〝富気〟を高めるのだから、すごいものです！

というわけで、ここでは、お金を惹き寄せる磁力に満ちている〝金運女神の宿る金運豊満なお財布〟として望ましい条件について、お伝えしましょう。

《金運女神の宿るお財布は、これ！》

――あなたのマネーが劇的にアップするのは、こんなお財布♪――

その1☆好みのお財布であること

お財布を新調するなら、自分の好きな色、好きなデザインに、「前からこれがほしかった！」というような憧れのブランドや、こだわりの素材を選ぶといいでしょう。

とはいうものの、素材は、ナイロンやポリエステルではなく、皮革製品のもののほうが金運がつきます。

お財布は、毎日自分が使うものであるだけに「好きなもの」でないと、持てませんし、よろこべません。手にするたびに、わくわくうれしい気分になれる高揚感のあるお財布こそ、あなたの〝富気〟を高めるものとなるのです。

その2☆できれば、金運を養う色を選ぶ

お財布の色は、土色を表すベージュやブラウン系の色にするのがGOOD！
というのも、土の気は、〝養い育てるエネルギー〟に満ちており、お札を入れこむたび、金運を養うからです。

その場合、表面もベージュやブラウン系で内側もそのようにあるのが理想ですが、派手なものが好きな人は、外側を好きな色にしてもOK！　できれば内側はベージュやブラウン系に！

その3☆以前のお財布より、高価なものを持つ

できれば、スーパーのワゴンの中に無造作に積み上げられている安物の売れ残りのような色あせたお財布（これ、何年も前からこのワゴンの中にあるよなぁ……というもの）ではなく、ブランドやメーカーにもこだわりたいもの。

ちょっと奮発して、憧れのブランドなどの高価なお財布を持つほうが、お金持ち気分満点に♪　誰に何を言われなくても、憧れのものは、すぐに豊かな気分を感じさせてくれるものです。

なおかつ、前に使っていたお財布より、品質や価格が上のものを選ぶようにします。

お財布は、あなたの金運のバロメーターでもあります。以前より、安物のお財布を使うと、金運がダウンします。

ちょっと良いものを持ち、大きな金運に手を伸ばすつもりでいるといいでしょう！

その4☆〝良い気分〟のときに買いに行く

何か良いことがあったときや、うれしいことがあったとき、お給与日や、豊かな気持ちでいられるときなどに、「よし！　今日だ！」と買いに行きましょう。

絶対に、むしゃくしゃする日や、怒り狂っているときに買わないでください。

また、〝良い気分〟でいそいそと買いに行ったのに、店員が不愛想だったり、いやな感じの人だったり、ネガティブな言葉や態度で対応されたとしたら、その人からは、買うのをやめます。できれば一度、店を出ましょう。なんなら、他の店に行ったほうがいいかもしれません。

気分良くすんなりいかないときは、何も得ないで帰るにこしたことはありません。というのも、いやな気分で買ったものは、手にするたびにそれを思い起こさせ、あなたの気分と金運をともにダウンさせるからです。

自分の持つものはすべて、お財布はもちろんのこと、それ以外のものでも、良い気分で買えるようにし、よろこばしく迎え入れたいものです。

その5☆夜、魔法をかける

買ったばかりのお財布は、そのままではまだ「金運女神のお財布」ではありません。

ここから、魔法をかけてこそ！　そうなりうるのです。

まず、注意しておきたいことは、買ったお財布をすぐに他人に見せびらかしてはいけないということです。「ほら見て、こんなの買ったのよぉ～」はタブー。さわらせてもいけません。家族にでも！　この日は！

そして、夜、ひとり静かな空間で、その財布を手に、ある儀式をします。

準備するものは、「粗塩」（ふつうのサラサラの塩ではなく、粗塩と表記されているもの）と、「白い紙」（半紙でも、コピー用紙でもＯＫ。ティッシュは破れるので避けること)。

まず、白い紙を正方形に切ります(縦×横は何センチでもいい)。その真ん中に、粗塩を指で多めに三つかみして置きます。

必ず親指、ひとさし指、中指の3本の指で粗塩をつかむようにしてください。量としては、小さじ1杯程度でも、スプーンでひょいと1回だけ塩を盛るのはいけません。自らの指を使うことで、あなたのための〝富気〟をそこにのせられるからです。

これで、「満潮効果」バッチリです! どんどん豊かになるでしょう!

ちなみに、塩は、昔から〝富の象徴〟でもあり、塩田を持った人が一番お金持ちといわれたりもしたほどです。また、粗塩は、穢《けが》れを浄化する働きもあり、これまでの金運の悪さやお金のトラブルなどの悪い運気も浄化してくれます。

粗塩を置き、正方形になるように包んだら、それを買ったお財布の札入れのところに忍ばせます。そのまま一夜を過ごし、翌日からお財布にお金を入れて使います。

その6☆お金に歓迎ムードを伝える

新しいお財布に、これから多くの札束を呼びこめるよう、よろこばしい歓迎ムードもつくっておきましょう！

また白い紙を用意。それを銀行のキャッシュカードサイズに切ります。表には、「WELCOME MONEY!!」とすべて大文字で書き、裏には、「お金さん、たくさん来てくれて、ありがとうございます」と、先に感謝の言葉を書きます。これを、お財布のカード入れのところにはさんでおきます。

これで、新調したお財布は「金運女神のお財布」に♪

さて、使いはじめるとき、ついでにもうひとつお伝えしたい〝財運の法則〟について、次の項でお伝えしましょう！

お金は「8」の縁起で貯める

どんどんお金が殖え、山のように高い「財運」を養う秘密は、これ！

新調したお財布に最初に入れるお金は、これまでの3倍の額にし、お財布にこれまでより大きな〝お金の波動〟を覚えさせるのです。

たとえば、いつも3万円くらいしかお財布に入れていない人は9万円を、10万円くらい入れている人は30万円を、というように。

あなたに貯金があり、可能でしたら、１００万円の帯封のかかったものを、一度入れるといいでしょう。すると、その高い金運波動をお財布が覚え、みるみるお金を惹き寄せはじめます！　お財布に入れた大金は、使わないならそのあと銀行に入金して戻してもかまいません。

そして、より強力な金運パワーを身につけたいなら、「8」の倍数の金額をお財布に入れることです。8万円、16万円、24万円……80万円などと。
貯金するときも、例えば積み立て定期をする場合など、「8」の倍数でするのが、カギ！

「8」は、日本で昔からいわれているように、末広がりで縁起の良いものです。その数字を横にすると「無限大」を示すサインともなり、宇宙の無限の宝庫と同調するもので、かなり〝富気〟あふれるもの！

しかも！　宇宙生命気学（中国4000年の歴史ある「易」をベースにしたもの）の中でも「8」の持つ意味は特別で、「山」「頂点」を示し、それはまさに、「財運」「財運を引き継ぐ」「良きものを引き継ぐ」「偉大な人」「お金持ち」「半端ない財産形成（土地持ち・株持ち・財産持ち）」を表すパワフルなもの。財運に良い変化を迎えたいときにぜひ使いたい数字なのです！

さて、お財布同様、通帳や印鑑入れも、金運をつけたいなら、それ専用のものを用意して管理することです。お菓子の箱やタンスの引き出しに入れるのではなく、家庭用金庫などを設置するのが理想的！

そして、通帳入れや、家庭用金庫のどこかに、「8」を横にした「∞（無限マーク）」を書いた紙を入れておくか、貼れるなら貼っておきます。これが、宇宙の無限の宝庫の扉をひらくアクションとなるのです！

なかみを整理し、人目につかぬように！

お財布には持ち方がある!? 悪運を寄せつけない大切な注意事項

金運のない人に限って、お財布によけいなものがたくさん入っていて、異常にパンパンなものです。買い物のレシートや、あちらこちらのお店のポインカードや、メモやゴミのようなものなど、なんやかんやで。

お財布は、お金を入れる器です。何でも詰めこめるポーチでもゴミ箱でもありません。

お財布に入れてもいいカードは、銀行のキャッシュカードやよく使うクレジットカードくらいです。他のものは別途「カード入れ」を用意しましょう。

早々にあなたのお財布をチェックし、いらぬレシートやゴミは捨て、なかみをきれいにしてください。また、お金は、お札の種類ごとに重ね、顔の向きをそろえて入れておきましょう。

お財布の中の波動が整うと、あなたの金銭事情もより良く整います！

また、お財布は、極力、人目につかないように持つといいのです。むやみやたらと、他人にお財布を見せびらかさないようにしましょう。「ねぇ、見て！ ブランドのお財布を買ったのよ♪ これ、いいでしょ♪」なんて、金運を落とす人のすることです。

鈴など音の出るものをつけるのも、避けたいものです。

「お財布を落としても、すぐにわかるように鈴をつけている」という人がいますが、これはブーブー!! **そもそもお財布を落とすことを想定していること自体、お金を大切にしていない証拠。**

しかも、これまでよく落としていたからなんて、ありえません。お財布を落とすと厄落としになるともいわれてはいますが、できれば落とさないにこしたことはありません。気分も滅入り、損もするだけでしょうから。

また、鈴のような音の出るものをお財布につけると、泥棒に狙われるといいます。その音は「お財布はここにありますよ！　ほら、わかりやすいでしょ」と、他人に教えているようなもの。お財布を他者に意識させます。こういうのを、〃魔〃を生む行為といいます。

〃魔〃が入ると、金運が落ちるばかりでなく、お金にまつわる問題も抱えやすくなります。気をつけたいものです。

幸運のジンクス☆16桁電卓の魔法

ほしいのは、どんだけ〜!?
〃捕らぬ狸の皮算用〃が金運を呼ぶ！

ついでと言ってはなんですが、いや、ぜひお伝えしておきたいのが「金運革命」を起こしたいなら絶対に〃大きな桁数が計算可能な電卓〃を持つことです。

8桁ではダメです。どうせ買い直すなら、10桁以上をどうぞ♪　オススメは、16桁♪

ちなみに私は、インターネットでみつけた「スペイン製・MADE IN CHINA」と書かれた（笑）、デザインの素敵な16桁電卓を愛用中♪　どこの国の製品なのかは問題ではありません。桁数にこだわってください。私は、これを使うようになってから、金運が劇的にアップしました！

たとえば、億万長者になりたいと言いつつも、使っている電卓が8桁までしか計算できないとなると、アウトです！　これでは、億は計算できませんからねぇ〜。8桁の電卓しかないのに、どうやって自分の億万長者ライフをプランできましょう。

電卓ひとつとっても、自分の考えていることと実際の行為にズレがあってはなりません。ズレが大きいほど、理想とはほど遠いということになるわけですから。

いますぐあなたが16桁の電卓を買っても、何の用もないし、なんなら8桁すらいらないような金銭事情だとしても、ぜひ、大きな桁の電卓を愛用してください。

これもお財布と同じで、毎日、パチパチそれをたたくことで、よろこばしい気分や高揚感に出逢わないと、お金について考えるきっかけがないし、ましてや、しているお商売も売り上げアップをみこめないというものです。

商売とは、〝よろこんでお客様に奉仕し、よろこんでそのお金を数えること〟だと、ある大富豪も言っているくらいです。

さて、大きな桁数の電卓を使って、いますぐあなたにしていただきたいことは、ただひとつ!! 〝捕らぬ狸の皮算用ごっこ〟です!

(〝捕らぬ狸の皮算用〟とは、実際には、まだ一匹も捕まえてもいない「狸の皮」を売ることを考えて、計算すること。手に入るかどうかもわからないものを〝あて〟にするたとえ)

そのお遊びが、どれほど大きなお金と豊かさとニンマリほほえむハッピーライフを叶えることになるのか、あとで驚くことになるでしょう! というのも、架空の計算をしていたことが、現実に惹き寄せられてくるからです!

架空のものをリアルな現実にするには、その架空の世界を楽しんでいる、いまこの瞬間に、よろこびの感情や、豊かなムードをふくらませるだけでいいのです。

架空の世界の映像に、いまこの瞬間の自分のリアルな感情が発生することで、惹き寄せの磁力が生まれ、この現実にやがてそれを本物化するのです。

とにかく「これがいくら入ってきて、これをこう増やして、これくらいの貯金ができたら、これに使って、いくらの家を建てて……」「会社を自社ビルにして、マンション経営するのもいいなぁ……すると、家賃収入はいくらで……」というように！

本当にあなたが富豪だったら、そうしているだろうというようなことを、めでたい頭で、めでたく計算し、めでたく富豪の買い物をし、その計算ごっこと本気で遊ぶのです。

それは、あなたの豊かさがどれほど目標化しているのかを知らせてくれますし、それをもとにどの程度自分が本気で動けるのか、その感覚をなんとなくでも教えてくれるものとなります。

その架空の計算の世界に優雅に酔いしれ、めいっぱい豊かな気分になり、波動を高めることです！　そうすれば、あなたのエネルギーが変わるだけでなく、その架空の計算の世界を潜在意識が受け入れ、宇宙に働きかけて、あなたの運命をその方向に導くべく動き出します！

潜在意識（心の奥底にある〝無意識の領域〟）は、あなたの中で想像されたものが、うそか本当かの区別がつきません。そのビジョンと感情を受け取って、みあったものを具現化するだけです。

まだ、**何も持っていないうちから、どれほど大きく持ちたいのか、どれほどビッグになりたいのかを先に考えて、シミュレーション（予行演習）できた人だけが、のちにそれを現実に得られます！**

大きな夢を描いていては、〝捕らぬ狸の皮算用〟をするあなたを誰かが笑ったとしても、気にすることはありません。夢を現実に叶え、すべてを受け取り、最後に笑うのは、あなたなのですから！

マネー増殖の秘密は〝種銭〟にあり！

ハッピー＆リッチな〝種銭〟の法則で、すぐにお金持ちになる！

心的態度やイメージを豊かなものにするほど、あなたには何かとちょこちょこと、人生のあらゆる角度からお金が入ってくるようになります。

それが、マネーゲートがひらきはじめた証拠です。

そのとき、まずは、10万円、20万円、30万円……50万円、とまとめてお金を貯め、一気に100万円をつくってください。

お金は束にして貯めるとき増殖力を持つものですから、最初の100万円をきっかけに、もっとたくさんの100万円の束を生み出しましょう！

この100万円というのには、大きな意味があります。金運がついてきた人は、すぐに100万円を貯められます。

しかし、金運がついていない人は、「10万円くらい貯金してもなぁ〜」「こんな額じゃ、らちがあかないしなぁ」と、貯まりかけたお金をすぐに使ってしまいます。そうして結局、お金がいつまでたってもまとまったものにならず、増殖力を失うのです。


さて、最初に貯めたお金は、「種銭」として使わず置いておきます。そして、そのあと生まれた「余剰」のお金を使うようにしてください。「余剰」のお金もまた多くなってきたら、それをまたあるひとかたまりにまとめて、貯金していきます。

たとえば、あなたが手元のお金から1万円を種銭にしたいというなら、それでもいいでしょう。あなたがお金を持つ気になったとき、最初に入ってきたお金を種銭とするとよく、これは〝金運の赤ちゃん〟ですから、絶対に外に出してはいけないのです。

〝金運の赤ちゃん〟を「よしよし、いい子だ。これから君を大切に育み、さみしくないようたくさん仲間を連れてきてあげるね」とすることが、貯金であり、金運波動を高める行為にもなるわけです。

もし一万円札を「種銭」にしたいなら、お札の番号の末尾が9のものにしてください。さらにいいのは「ラッキー種銭」を持つことです！　それは、末尾が「7」「8」「9」の一万円札を、各1枚、合計3枚を一緒にして、お財布に入れることです。

また、「最強の種銭」というのがあって、これは、末尾「777」「888」「999」を各1枚そろえて持つことです!!

実は、この私、それを叶えたことがあるのですが、そのときは、もう半端ないくらいの臨時収入や、思いもよらない大きなお金が入ってきて、驚きました。

さて、「種銭」がお財布の中にあるだけで、お財布の中の残高がゼロになることがなく、つねに安心です。「お金は、お財布の中にまだある！」という安心感から、安定する経済状況を惹き寄せるようにもなるという、誰でもかんたんにできる〝金運招来〟のアクションです！

とにかく、「種銭には、手をつけない！」のが、原則です。種銭の効用は、お財布に〝富気〟を養うところにあるからです。

あなたをお金持ちにする買い物、貧しくする買い物

最もほしいものを買いなさい。そのとき、一気にゲートがひらく♪

豊かな生活を叶えやすい人と、そうでない人は、お買い物のしかたにも如実に出るものです。

大きなお金とのご縁に恵まれ、豊かな人生を叶えやすい人は、それが何であれ、買い物をするときには、〝一番ほしいもの〟〝最もうれしいもの（よろこべるもの）〟を買うものです。

逆に、なかなかお金に恵まれない人や、豊かな人生が叶いにくい人は、一番ほしいものになかなか素直に手を伸ばせないものです。

「本当は〇〇がほしいけれど、高いから、がまんして◇◇にする」「あれがほしかっ

たけど、しかたないからこちらにしておく」と。

一番ほしいものや、最もうれしいものをあきらめて、〝二番煎じ〟のものや、〝代替え品〟を買うものです。

そういう姿勢は、買い物だけでなく、仕事選びや、恋人選びにも出るものです。何かにつけ、自分にとって、〝一番良いもの〟〝最もうれしいもの〟を自分に与えられない人は、「自分には、それを持つ価値がない」とみなしているも同然です。

それをやめれば、人生のあらゆる領域が全般的に引き上げられるのです！

「しかし、ほしいものが高いのだから、がまんして、もっと安いものにしないとしょうがないでしょ！」と怒る人は、そういう考え自体、おかしいと思ってください。

というのも、その考え方によって、何かにつけ、あなたの人生が理想より下になりやすく、不満がたまりやすく、不本意なものになりやすいからです。

たとえば、こう考えることもできるわけです。

「あれがほしいなぁ。でも、とてもお高いわね。しかし、他のものを手にしたとしてもきっと私はうれしくないだろうから、やはり一番ほしいものを買うことにしよう！　そのためにも、どっちでもいい他の余計なものにお金を使うのをやめて、価値あるものだけを手にしよう！　そうやって、あれを迎えに行こう♪」と。

すると、あなたはきっとこういうふうにもなるでしょう。

「ああ、なんだかわくわくしてきたわ！　あれが手元にくることを考えただけで、うれしい！　いまから楽しみ♪　さあ、はりきって仕事しよう！」

このようにすれば、一番ほしいものが手に入り、かんたんに理想が現実になるのです！

さて、あなたをお金持ちにするお買い物、貧しくするお買い物について、ここでもうひとつ大切なことをお伝えしましょう。

それは、何でも、高いか、安いかで、見積もらないということです！

高いか安いかで見積もるのではなく、自分をよろこばせるものか落ちこませるものかをみてください。自分がエネルギッシュになれるものか、トーンダウンするものかをみてください。自分にふさわしいか、ふさわしくないかをみてください。

そのとき、決して「そりゃ、それが手に入ったら、うれしいし、一番ほしいのは確かだけど、あまりにも高価なので、ふさわしいかといわれたらわからない……」などと、その品物より、自分を下にみないでください。しょせん、それは物です。人間の価値のほうが大きいに決まっているわけですから！

しかも、あなたが求めていて、それを手にすることをイメージしたとき、うれしくなるというなら、十分ふさわしいものなのです。

自分がそれを買ったあと、「やっぱり、あっちにしておいたほうがよかった」と家に帰ってから後悔したり、落ちこんだりしないかどうかを、よく考えてください。「あまり、うれしくないかも」と感じるものを、むやみに買わないようにしてください。

かつて、私が、まだ自由になる大きなお金を持っていない専業主婦だった頃。あるブティックの前に通りかかったとき、とても素敵なワンピースをみつけました。見た瞬間、「わぁ、これは素敵！　絶対に似合うはず！　ほしいなぁ」と思い、その感動のまま、それを買いたいと夫に伝えたのです。

すると、夫から、「お前がそれを着ても、どこにも行くところもないくせに。そんな高いものを買うな！」と言われ、私は「それもそうよね……」と、あきらめようとしたのです。

しかし、そのお洋服は印象に残りすぎて、どうしても忘れられず……。であれば、よく似たような安いものを買えばいいと思い、無理に似ているといえなくもない、あるお洋服を買ったのです。

もちろん、安くはすみました。ところが、買ったとき、まったくよろこびがありませんでした。私がほしいのは、これじゃない！　と、心の中で強烈に叫ぶ声があったからです。それゆえ、お洋服を買ったくせに、ひどく落ちこんだのです。「本当は、あっちがほしかったなぁ」と。

そうして、お金を貯めてから買えばいいかと思いなおし、それをもう一度見るべく、いそいそとお店に行ったのです。すると、私と同時くらいにお店に入ってきた美しい女性が、店員を呼びつけ、こう言ったのです。

「あれを試着させてください」

なんと、それはわが憧れのもの！

ほどなくして、着替えて出てきたその女性は、とても高揚し、晴れやかで、ご満悦でした。店員が「よく、お似合いですねぇ」というと、「あら、そう♪　そうよね。これにします！」と、彼女は即決買い。

私は、何もできず、その光景を一部始終見ていたのです。彼女は私とあまり年が変わらない感じに見えました。彼女は、大きな紙袋を抱えて、よろこんで笑顔で帰っていったのです。

彼女は一番ほしいものを買いました。でも、本当に買ったのは、お洋服という布き

れではありません。一番のよろこびを買ったのです！

一方私は、似たような別のものを渋々買ったわけですが、それもまた布きれを買ったのではなく、最も苦い後悔を買ったのでした。

そのとき私は、泣きそうな気持ちで、こう思っていました。「好きなものを、好きなときに、何の躊躇もなく、誰の許可を得ずとも、自由に買える人になりたい！」と。

人がお金や豊かさを望むとき、そこに何か大それた計画があるとは限りません。ほんの小さな幸せや、ささやかなよろこびを叶えるために、大きな夢を見ることもあるものです。

私の尊敬し愛してやまないアンドリュー・カーネギーは、貧困から世界的大富豪になったわけですが、彼がお金持ちになりたいと思ったきっかけは、いつも貧乏と苦労続きで、破れたボロボロのお洋服しか着られずにいた母親に、「きれいなドレスを着せてあげたい！」と願った優しい気持ちからでした。

あなたの気持ち次第で、あなたの買い物は、あなたを幸せにしたり、貧しくしたりします。

何かを買うというとき、品物を通して、気持ちや、エネルギーをも得ることになります。そして、そのあとの運気や流れをも決めてしまうものです。

ちなみに、むしゃくしゃするから腹いせに何かを買って、この気持ちをなんとかしたいとか、夫が浮気した罰としてブランドのバッグを買わせるとか、そういう買い物には、本当のよろこびはありません。

むしろ、とてもネガティブで、いやなエネルギーを抱えた買い物となるのです。そんな買い物は、間違いなく金運をダウンさせるでしょう。

幸せになる〝快感金額〟をみつける

自分にとってのベスト金額で、無理なく、すんなりリッチになる！

お金と豊かさを求める人の中には、なにも、億万長者になりたい人ばかりではないかもしれませんね。

あともう少しお給与が増えて、ワンピース1枚よけいに買えたらそれでいいと思っている人もいれば、いまの25万円のお給与が30万円になれば最高！　という人もいれば、年収1千万円を叶えられたら万々歳という人もいるでしょう。

お金を望むとき、自分にとってそれが快適であり、すんなり受け入れられるものであり、うれしさがこみあげるような〝快感〟を覚える金額であることが肝心です！

それがどんなに大きい額であれ、小さい額であれ、規模の大小に関係なく、あなたがその望む金額に対して、なんの抵抗も躊躇も違和感もなく、拒否すべき問題もなく、ふつうにそれがあったらその豊かさを歓迎でき、幸せを感じられるというのでなくてはなりません。

なかには、あまりにも大きなお金を望みすぎたとき、その金額からくる大きさにかえって不安になったり、怖くなったり、罪悪感を覚えたり、手にする責任を負えないと感じたりする人もいるものです。

だからといって、小さい額にすればいいのかというと、それが小さすぎることで、気持ちがなえたり、やる気がうせたり、価値を感じられなかったり、希望が消えたりする人もいるものです。

その感覚を知るためにも、いろんな金額を紙に書きなぐり、そのつど内側の感覚を確かめ、どの金額が自分にとって〝快感〟となるのかを知っておく練習をしておくことです。

自分にとっての〝快感金額〟には、むしゃぶるいするものです。うれしくてゾゾッとくるものがあるので、わかります。

かつて、私は三人の子どもを抱え、支払わなくてはならないお金がどっさりある状態を生きていました。なんとかお金をつくろうと、三つの仕事を掛け持ちしていましたが、支払い金額が大きくて、焼け石に水のような状態でした。

そのとき、「ああ、お金がたくさんあったらどんなに良いだろう」と思っては、豊かで安心して眠れる暮らしを思い描いていました。

あるとき、私はふと〝ほしい金額を紙に書いてみたい〟と、そう思ったのです。書いたものが本物になったら、どんなにいいだろうと、そんな気持ちが強くあったのかもしれません。

そして、ノートをひろげ、ペンを握りしめ、年収1000万円、2000万円、3000万円……と書いてみたのです。

ところが、どれだけ書いても、ちっともうれしくないし、気持ちがピクリとも動かないのです。

「もしかしたら、私はいまの自分の給与からほど遠い数字を書いているから、なんだか現実味がなくて、わくわくしないのかなぁ」と思い、今度は、もっと小さい数字で、けれども、そのときの年収より多めの数字を書いてみたのです。年収500万円、600万円、700万円……と。

するとあらら、今度はテンションがドーンと下がり、はっきりといやな気持ちがしたのです。

それで、私は、「もっと正直に、本気で書いてみよう！」と、バーンと金額を上げて、「1億円!!」と書いてみたのです。

すると、その瞬間、書いた文字がピカッと光って見え、同時に、なんともいえない高揚感と、わくわくする感覚が生まれたのです。

私の中の誰かが「よし、よし、それでいい！」と言っているような気がして、とたんに気持ちがパーッと明るくなり、本当に望む未来が見えた気がしました。

そのとき私は、はっきりと自覚しました。「そうなのか！　私は、億万長者になりたかったんだ！」と。

書いた数字が現実になるとき、たいがい、それをはるかに大きく超える形でやってきます！　どんな数字を〝快感〟に思えるのかは、本気でその数字を紙に書き、そこからくる感覚をみるしかありません。

不思議なもので、ノートや紙にほしい金額やほしいものをわくわくしながら書き、感動の涙がジワッとあふれたりすると、とたんに、「神聖さ」が帯びてきて、そこから不思議なエネルギーが噴出します。

そのエネルギーがそれを具現化させるよう、あなたを導き、宇宙を動かし、リアルなものとなるのです！

Chapter4

無限の宝庫につながる☆不変の法則

マネーゲートを全開にし、
宇宙から富を受け取り続ける！

マネーフローに乗る「陰陽の法則」

手元に置くとき・出すとき☆
お金の流れを守るコツ

あなたのマネーゲートがひらくと、そこから、マネーフロー（お金の流れ・循環）が生まれます。それを良い状態でキープするには、「陰」「陽」の法則にしたがって、お金を管理することです。

つまり、**お金は「陰」の気で貯めこみ、「陽」の気で出すのが、マネーフローをスムーズにする秘訣です。わかりやすくいうと、「黙って」お金を貯め、「よろこんで」お金を使わせていただくということです。**

「陰」の気がないとお金は貯まりません。それゆえ、静かで暗いところにお金をしまい、人に知られず黙々と貯める、寝かせて増やす、ということが大切です。

また、「陽」の気で金運は拡大します。それゆえ、よろこんで使う、感謝して手放す、またすぐに帰ってくることを信頼し、再び仲間を連れて戻ってくることを歓迎する、ということが大切なのです。

とはいうものの、人によっては、お金が入ってくると機嫌が良くなるのに、出ていくときは、何か損したような気になったり、使ったことに罪悪感を覚えたり、奪われた気がする人がいるものです。そう、「陰」「陽」の法則と真逆の人です。そういう人は、金運がつきません。

お金が、入ってきたときも、出ていくときも、変わらず豊かな態度で、よろこびを持って、感謝していることが、マネーゲートをひらく秘訣なのです。

実際、お金を使ったからといって、何も損はしていません。そのお金を使ったと同時に、なにがしかの品物や、サービスや、必要なものを「得た」のですから。
お金を使うときに、同時に得ているものがあるとわかれば、お金が出ていくときも人は感謝して「ありがとう」と言えるものです。

そもそも、お金を使うときに、損した気になったり、罪悪感を覚えたり、奪われた気がするのは、あなたが本当には得たいと思っているものや、うれしいものに、お金を使っていない証拠です。

お金を使うときに、お金と引き換えにこれが自分の手元にくるのはうれしいかどうか、納得しているかどうか、自分に確認してから、使うようにすることです。

ときには、納得していなくても、渋々でも、必要だからしかたなしに支払わなくてはならないものもあることでしょう。そういうときは、〝この必要が満たされたことに感謝しよう〟とすることです。

お金を使うときの気分が「陽」、つまり、うれしい、楽しい、満たされた、感謝！
となるとき、あなたのお金はよろこんで循環し、豊かなマネーフローを起こし続け、
お金を運び続けてくれます！

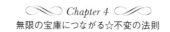

宇宙からのギフトを、ちゃんと受け取る

ゲートがひらくと、贈り物があらゆる方向からやってくる！

マネーゲートがひらき、「金運革命」が起こると、その証拠のサインがただちに、次々と、あなたの日常に送りこまれてきます。あなたがどこにいて、何をしていても！

それらは、人、物、情報、出来事、時間の流れ、サービス、優遇、招待、お金など、あらゆる姿であなたに豊かさをよろこばしくもたらすものです！

つまり、宇宙があなたのために用意したギフトです！ 遠慮せず、積極的に、どんどん受け取り続けてください！

受け取れば受け取るほど、あなたは良い気分で満たされ、お金と豊かさをさらに受け取れる場所へと運んでもらえます！

たとえば、あなたがエレベーターに乗ると、先に乗っていた人が「何階ですか？」と聞いてくれボタンを押してくれたり、デパートやどこかに入るときに誰かがドアを開けてくれたりします。

また、どこのお店に行っても、なぜか店員に愛想よくされ、なにかと「これ、いまだけサービスの景品ですが、お客様には2つ差し上げます」「お客様がとても素敵で、こちらもうれしいので、これをプレゼントさせてください♪」などと、他の人がもらえない良いものをもらえたりします。

ご近所の人や友人知人から、やたらと何かしらのおみやげやプレゼントが贈られます。「ちょっと旅行に行っていたから」「先日、素敵なお店に入ったとき、可愛いものがあって、あなたの顔を思い出したから買ってきたの♪」などと。

ときには、恋人が誕生日でもないのに、なぜか突然、あなたの好きそうなものを買ってきたりもします。

取引先と仕事をしていても、「おいしいお店があるから、そこに行きましょう」と、やたらといろんな人に接待されたりします。

あるいは、仕事で何かしらの締め切りにせまられていて、間に合いそうになく「時間がほしい」と思っていると、突然、相手方の都合で、「本日私は休暇をいただきましたので、あの件は来週まで大丈夫です」「進行に余裕ができたので、あと一週間お時間をとっていただいてかまいません」という具合に、突然時間を調整してもらえ、前に進みやすくしてもらえるものです。

また、求めていた情報がグッドタイミングで入ってきたりもします。「あなたの求める仕事の求人が、ここに掲載してあるよ」「あなたがしたいと言って探していた仕事だけど、それをぜひうちでお願いしたいと言っている人がいるから、会わない？もらえる報酬もそれなりに良いものよ」と。

それだけではありません！　とにかく、誰かにごちそうになることや、遊びやパーティーや旅行に連れていってもらえることが増えたり、臨時収入があったり、上がる予定もなかったお給与がなぜか突然、来月から上がることになったりするのです！

これら、人、物、出来事、時間の流れが、ただあなたを豊かにするためだけに、押し寄せてきます！　これはまさに、あなたから、お金を惹き寄せる波動がちゃんと放たれていて、宇宙が正しく反応している証拠です！

それを決して、止めないでください。「そんなものいいです」「申し訳ないから、受け取れません」などと言って、やってきたものを断ったり、退けたりしないでください。

金運のない人に限って、人からの好意も、宇宙からの好意も、素直に受け取れないものです。

そういう人は、たとえば、エレベーターに乗っていて、誰かが「何階ですか？　押しますよ」と言ってくれていても、それを無視して自分で押すものです。人の親切をかんたんに拒否して、無にするもの。相手の顔がちょっと曇ったことも気づかないで。ひとこと「ありがとう」と言ってもよさそうなものを。

また、誰かから、何かおみやげや贈り物をもらったときに、素直に受け取らず、「いいのに、そんなこと。これは娘さんにあげて！」と、突き返す人もいます。「これ高かったでしょ。こんなのくれなくていいのに」と、困った顔をして見せたりする人もいます。

そういう対応は、かなり残酷な仕打ちです。それをあなたにあげたいと思って持ってきた人のすべての好意をふみにじるわけですから。

相手は何も、あなたを困らせようと思ったわけではなく、「よろこんでくれるかなあ～♪」と、時間とお金とエネルギーを使って、それを選んで買ってきて、電車や車に乗って、わざわざ持ってきたのです。

なぜ、そういう〝人の好意〟に対して、「ありがとう。うれしいわ」と言えないのでしょうか。

人から何かもらったときに、感謝するのではなく、迷惑そうにする人というのは、本当にいるものです。「ああ、これでまた借りができた」などと、不満気に言って。

借りって、なんですか？　失礼な！　そんなふうに言う人は、たいがい自分が誰かに贈り物をするときには、心からではなく、エゴからする人です。

そうして、そういう人は、何かの用事で誰かのところを訪ねるというときでも、「おいしいケーキを持っていってあげよう」と、よろこんで差し入れを買うことはありません。たいがい、「手ぶらじゃ、恥をかく。1000円のバウムクーヘンでも渡しておけばいいだろう」と、すぐ目の前にある適当な店で、1分でことをすませ、渋々買うものです。時間もお金も人さまのために使うのが惜しいというわけです。

そういう人は、人さまや宇宙からもこうされます。「まぁ、お前にならこの程度のものを差し出しておけばいいだろ」と。

仮に、相手が見返りを求めるつもりで何かを持ってきたとしても、その場はそれをいったん受け取り、前に進むことです。

そうして、自分が、「物をもらったからといって、何も無理な交渉や、理不尽な話には乗らない」と決めておけばいいだけです。
ただし、受け取ったものに対しての「お礼」として、気持ちとして、何か無理なく差し上げられるものを「このあいだのお礼にと思って」と心ばかりのお返しをさせていただけば、何も問題は起こらないでしょう。

豊かになりたいというのなら、ぜひ、覚えておきたいことは、受け取ることが完了しないと、循環は生まれないということです！　受け取らないと、もう与えてもらえなくなります。人さまからも、宇宙からも。

自分も他人も、大切にする

お金は〝人さまとのご縁〟でやってきて、育まれていくもの！

マネーゲートがひらき、「金運革命」が起こるとき、あなたの人生もガラッと一変します。そのとき、あなたの人生には、これまで出逢わなかったような、出逢いたくても出逢えなかったような人がたくさん入ってくるようになります。

その中でうまく幸せと豊かさを受け取り続けるためには、自分自身を大切にし、人も大切にすることです。

自分の価値を認め、良いものを受け取るにふさわしいとしてください。そして、人にも価値があり、良いものを受け取るにふさわしいとしてください。

互いに価値ある存在であるとわかり、誰もが良きものを受け取ってもいいのだと思えるとき、価値ある出来事が起こり、価値あるものを受け取れるようになります。

さて、大きなお金をいつまでも受け取れないという人は、たいがい、自己価値の評価が低いものです。たとえば、自分は良い大学を出ていないとか、たいした仕事をしていないとか、容姿が劣っているとか、そういうことであなたの価値が決まるわけではありません。

あなたの中に、どれほどピュアなエネルギーがあり、どれほど大きな愛と慈悲があり、どれほど大きな夢を持っており、どれほど本気で生きているか、そういうものが価値となるわけです。

自分の価値をより高く持てる人は、それだけ多くのお金や豊かさや、その他、なんであれ良きものを、手にできるものです。

もし、自分がいま受け取っているお金や豊かさや良きものが、小さい、少ない、ない、というのなら、ここから自己価値を引き上げてください。

他人にあなたの価値をこの程度だと決めつけられる必要はありません。

あなたがいまここで、こう自分に宣言すればいいだけです。

「私は価値ある人間です。それは何かをしたとかしないとか、そういうことに関係なく、無条件に価値があるのです。それゆえ、私は、価値あるものを受け取るに値します。それを宇宙にも伝えます。そして、ここから多くのお金と豊かさとあらゆる良きものを贅沢なまでに受け取り続けます。そして、それを祝福します！　ありがとうございます」と。

まもなく、価値ある何かがあなたにもたらされるでしょう！

お金の回路を刺激する☆心的態度

すでにあなたは持っている！　当然のごとく豊かな人生の中にいる

大きくマネーゲートをひらき、無数の回路からお金があなためがけてやってくるような「金運革命」を叶えたいなら、自分の経済状態がどうであれ、つねに、「お金はうなるほどある」という豊かな心的態度でいてください。

余裕をかもしだし、ゆったりかまえ、優雅にほほえむのです。そのあなたの豊かな心的態度が放つ波動こそ、〝お金の回路〟をより良く刺激するものとなるからです。

いいですか！　今日からは、「あれは、買えない」「これも無理」と、しょぼくれるのではなく、「あれも可能♪」「それもよし！」とし、すべてが可能になる日を軽く確信しておくのです。

根拠がなくても、そうあるとき、あなたの潜在意識(心の奥底にある〝無意識の領域〟)にカチッと願望実現のスイッチが入り、魔法のような力が動き出し、現実にしてくれます!


たとえ、お財布の中がからっぽでも、ボロアパートの六畳一間に住んでいても、貯金がゼロでも、いっちょうらのお洋服がひとつしかなくても、〝まるで白亜の豪邸に住んでいるお金持ちのお嬢さん〟のごとく、豊かな自分でいるようにするのです。

これは何も、うそをついているのではありません。「見栄を張れ!」と言っているのでもありません。そういう世界を〝演じる〟女優になるだけです。

「そのうち、そうなることが私には約束されていてよ♪」と、自分の潜在意識と宇宙にその予定を知らしめるためです! 他人に何かを認めてもらうためではないわけです。

自分が自分の希望と可能性に満ちた幸せで豊かで自由な未来を認め、深層自己説得するために、つまり、潜在意識にオーダーするために、やるのです。その自己説得という〝暗示の力〟が、あなたをそういう人にさせるのです！

ですから、ちんけなことを言ったり、自分が持っていないものを持っている人を嫉妬したり、高級外車にケチをつけたり、隣のお金持ちのお嬢さんをいじめたりしないでください。

そんなことをしなくても、あなたには恵まれた未来が待っているのですから！　それを計画し、宇宙に伝えるのは、あなたの仕事です！

想像してみましょう♪　もし、あなたに本当に、「お金がうなるほどある」としたら、どうでしょうか？

あなたはお財布の中身や通帳残高をさほど気にしないでしょう。何か買いたいものやほしいものがあっても、いちいち「値札」ばかり見てまわらなくてもいいし、「買えない……」とがっかりすることもないでしょう。

また、年に何回か海外旅行に行ったり、別荘でのんびりしたり、豪邸を建てたり、憧れのリッチなライフスティタスをあきらめることもないし、世の中のお金持ちに嫉妬したり、反感を持つこともないはずです。

それどころか、誰にでも余裕の笑顔で、親切にふるまうことも、おやすい御用となるはずです！

いや、しかし、ある意味、そのうなるほどのお金はあなたにもあるのです！

ただ、それはいま、宇宙に預けているだけなのです。

そう、20億円くらい持っていることにしましょうか。けれども、あなたはそれをいますぐには使わないので、宇宙銀行に預けているということです。

満期がきたら、それを手にし、使えるのです。いま、〝手元にない〟だけです。

しかし、それを不満に思う必要はありません。どんな富豪もそんな大金があれば、すぐにはおろせないところに預けているか、土地になったり、証券になったりしているだけで、どのみち手元に置いていないのは、あなたと同じだからです。

あえて、その大金を引き出していないだけなのです。そう考えておいてください。するとその余裕ある心的態度が、あなたのマネーゲートをひらき、どこからかお金を惹き寄せはじめます！

自己投資から、巨富を得る

率先して、価値あるものを自分に与えられる人は、富豪体質！

いまここで豊かな自分を築き、さらに、将来その恩恵をふんだんに受け取るのに有益な方法があります。それは、若い頃から、「自己投資」することです。

あなたがまだ何も持っていない自分自身に、成功する前に、お金持ちになる前に、価値ある投資をするほど、あなたは、その投資から、大きな「結果」を得ることになります。

投資したものが返ってくるとき、何倍もの富にふくれあがって、あなたを豊かにしてくれるものです。

自分に投資せずして、ここから人生にどんな有益なものを生み出せましょう。自分にお金をかけられない人は、他人のためにも、社会のためにも、お金など使えません。それで人様のためになりたいなんて、どだい無理な話でしょう。

さて、自己投資するというとき、自分のためにお金を使って何かを自分に与えたりするわけですが、その中では、もちろん、ほしいものを買ったり、どこかに旅行に行ったりすることもあるでしょう。

しかし、ここでは、そういった一過性のものではなく、長い目でみて自分を養い育てることになる投資や、その投資経験から将来を発展的に繁栄させられる、創造的人生につながる投資について言っています。

たとえば、もっとお金と成功について知りたいなら、それにまつわる本を買い、時間を使い、読み、学んでください。何かを習いたいというなら、それを習ってください。参加する必要を感じるセミナーや講座があるなら、それにもお金を使いましょう。

その他、あなたの心を美しくするもの、高めるもの、感動させるもの、輝かせるものにも、よろこんで投資しましょう。会って話を聞くべき人がいれば、会って食事をし、語りましょう。どこかに気分転換、自分探しに行きたいなら、よろこんでそうしましょう。

居心地の良い部屋、快適な仲間との時間、将来の家の建設予定地などなど、あなたにとって可能で、価値あるものに、投資をし、そこから、しっかり宝物を得ていきましょう。

できるだけ、自分にとって、快適で、心地良く、よろこびと満足、納得するもの、感動を覚えるもの、良質のエネルギーに満たされるもの、そんな価値あるものに投資してください。決して、無理に何かをするのではなく！

けれども、自分に投資しようというとき、世の中の多くの人がこんなふうに思うところがあるものです。

「自己投資？　こんな自分の分際で？　何様でもない自分にお金をかけるなんて、

もったいなくはないのか？　無駄なことをしていることにはならないか？」と。

しかし、そうではありません。いまのあなたが何者でなくても、将来のあなたにふさわしいものをいま投資しているということなのですから。


実は、私は、経済的に苦しいときに、120万円もする自己啓発教材を買ったり、100万円のセミナーに参加したりしていました。

それ以外にも、お金をかけて学べるものならなんでも興味を持ち、いろんな資格を取得したりもしたものです。

自分をもっと高めることができるなら、何でもやってみたいと思っていたので、きっとトータルで2000万円以上は、使っているはずです。


私が自己投資すべく高い何かを購入すると、決まって、家族や近所に住んでいた親戚の叔母はこう言ったものです。「そんなこと、この年になってからしても無駄だし、もったいない」「そんなものにお金を使うくらいなら、ボロボロになっているお布団を先に買い替えたらどう?」と。

まわりからの非難の嵐が一番ひどかったのは、子どもがまだ小さいときに、私がお金もないのに120万円の自己啓発教材を買ったときでした。

「何を考えているんだ！　早くクーリングオフで解約して、返品しろ！」「こんなもの買わされるなんて、騙されているだけだろう!?」「いいかげんにしろ！」

極めつきは、この言葉です。

「ふつうの主婦が、そんなものを手にしても、どうなるわけもないだろう。何かをやるには、もう遅すぎると、なぜ、わからないんだ!?」

しかし、私自身は、それを買ったとき、こう思っていたのです。

「あなたも成功できる！　ですって♪　なんて、素晴らしいの♪　よお〜し！　この教材の通りに素直にやってみよう！　絶対に成功して、もとをとるわよ♪」

そういう気持ちでその自己啓発教材を活用していたので、おもしろくて、おもしろくてしかたありませんでした。当時から私は自己啓発オタクでしたが、その世界の楽しさに魅せられたままで、いまもずっと毎月30冊以上の自己啓発本を買っては、手あたり次第読んでは、モチベーションを高めています。

結局、私の自己投資は、私自身を主婦から作家にし、会社社長にし、講演家・セミナー講師にし、運命をみちがえるものに変えてくれました。

しかも！　あのときの投資額など、痛くもかゆくもないくらい、大きなお金と豊かさを、この人生は受け取らせてくれたのです！

将来、自分が人生から何を受け取りたいのかをあらかじめ考え、それを手にするためにいったい自分はどれほど本気で自分を育み成長させる気があるのかを、しっかり自覚することが大切です。

そして、その価値を感じるとき、それなりのお金を、よろこんで自分に投資してみることです。すると、そのあなたが自分に先払いしたお金と、心の豊かさに対して、マネーゲートがひらきます！

いつでも「自己投資」は、近い将来、あなたが成功者やお金持ちになるための申し込みを宇宙にするための「予約金」です！

キャンセルする必要はありません。というのも、あなたの意図と宇宙の意図がつながるとき、自動的にその自己投資は「保証付き」となるからです♪

先に出して、あとから倍で受け取る

あなたが放ったものに、宇宙が「利息」をつけて、支払ってくれる

この人生では、お金を得たいと思っているのに、なぜか、やたらとお金を使っているという時期を経験することもあるものです。

お金を使っている時期、あなたは、それを差し出し、他に得る必要なものがあり、そうしているのです。

先に、よろこんでお金を使えるとき、あなたは未来に「よろこんで受け取る世界」を確実につくっていることになります。

いつでも、多くを受け取る人は、先に多く差し出した人です！

お金が、〝循環するもの〟である限り、この法則があなたを裏切ることはありません。

しかも、お金は循環しながら大きくなる性質があるので、次にあなたに返ってくるときにはたいがい、出した倍の金額で、より好ましい形になって返ってくるものです。

かつて、ある著名な作家がデビューする前のことです。ものを書くにあたって、当時、彼の家にはすっかり型が古くなった、もう誰も使うのをやめている古臭いタイプライターしかありませんでした。

それを使っているとき、たびたび壊れ、イライラさせられ、かなりストレスだったのです。そのせいか、これまでの彼の持ちこみ原稿はいつもボツ。その調子では、作品に良い波動がのせられなかったのでしょう。

ある日、彼は新しい「パソコン」というものが自分にもあれば、創作意欲がわく気がしたのです。ほしいのは売り出されたばかりの最新型の高価なもの。彼は一瞬、こう思いました。

「何の成果もなく、収入もままならないのに、新しいパソコンがほしいだなんて。こんなものを買ってまで原稿を書いたとしても、また断られたらどうすればいい？」
「やはり、いまの自分には、贅沢なことなのか……。自分にふさわしくない、あきらめるしかないだろう……」と。

しかし、パソコンショップでそれを見てからというものは、彼はその魅力を忘れられずにいました。家に帰って想像するのは、それを使ってイキイキと原稿を書いている姿でした。

そして、彼は、決めました！「やはり、あれを買おう！」。そうして、お金をかき集め、なんとか購入したのです。

新しいパソコンがやってくると、彼の書斎は、まるで成功者の書斎そのものに見えました。ピカピカと輝くパソコンは、彼を高揚感とやる気にあふれさせました。彼はさっそくパソコンに向かいたくなり、あたためていたアイデアを一気に書き上げたのです。

そして、なんと！　その新しいパソコンで書き上げた原稿が書籍化され、デビュー作になったのです。

彼はこう言っていました。

「あのとき、十分なお金を稼いでいない自分にとっては、新しいパソコンは高価なものので、持つには気がひけるくらいでした。けれど、先にそれを持ったことは正解でした。なにせ、その瞬間、自分にはやはりこれが〝ふさわしい〟と思え、自信がわいてきたのだから」と。

先にお金を出しているとき、あなたはすでに受け取っているのです。未来の成功報酬を！

パーソナルパワーを守る

お金の流れを自らせき止めないために、知っておくべきこと

　お金はパワーの象徴です。パワーがある人がより多くのお金を生み出す人であり、パワーのない人はお金を生み出せず、失いがちなものです。

　それゆえ、マネーゲートをひらき、お金と豊かさをこの人生で叶えていきたいというのなら、今日からは、自分のパワーをちゃんと確保し、しっかり守っていただく必要があります。

　たとえば、したくもない仕事について、毎日ぶつぶつ文句を言ったりしないでください。行きたくない行きたくないと、毎朝何時間も葛藤しながらでないと行くことができない会社に、いつまでも体を運ばないでください。いやな人とつきあって苦々し

い思いをして怒り狂ったり、ネガティブなことにフォーカスして、勝手に落ちこんだりしないでください。


そのとき、あなたに何が起きているのかわかりますか？

大切なパワーを浪費しているということです。


さらに！ 抵抗のあるものや、反発や拒否感のあるものにかかわらないでください。

心が曇るものや、気持ちが下がるもの、心に痛みが走るものからは離れてください。

それらは最もあなたのパワーを奪うものとなるからです。

どっちでもいいくだらないことで、いちいち自分のパワーを浪費しないでください。

そんなことでは、自分をエネルギッシュに前に推し進めることはできませんし、貧しい気持ちでいては、豊かなことを創造することはできません。


パワーを自分の活動源、財源にし、向かうべき場所にスムーズに行くことです！

そのためには、パワー切れを起こさないよう、うまく自分を鼓舞し、高めてくれるものにかかわるようにすることです。感動するもの、うれしいもの、よろこびを得られるもの、楽しいもの、わくわくするものに、率先して！

そういうものにかかわりつつ、好きな仕事を、好きな仲間とするとき、あなたの中に大きなパワーが生まれ、必然的に大きなお金を惹き寄せることになります！

チェンジ・マイ・ライフを叶える！

人生から受け取りたいものを決め、働き方を変え、革命を完成させる

マネーゲートをひらき、「金運革命」を起こし、〝無限の富〟をよろこんで受け取れる人になるための最も肝心な秘訣があります。

それは、自分がこの人生から何を受け取りたいのか、そのために何を差し出すつもりなのかを、わかっておくことです。

そのとき、いまの仕事が、〝本当に自分を豊かにするものなのかどうか〟も、よくみつめることが大切です。

この人生では、何かを受け取りたいなら、必ずそれにみあった代償を支払う必要が

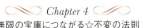

あります。別に、金品のことをいっているのではありません。

たとえば、優しさを受け取りたいなら、まずは自分の内側にある優しさを、外側にいる他者やまわりの世界に差し出さなくてはなりません。

愛を受け取りたいなら、愛を！　です。

そして、豊かさを受け取りたいなら、豊かさを、です！


また、たとえば、自分が優しさを差し出さず、目の前の相手にだけ優しさを強要するのは不可能です。自分が相手を愛さず、誰も私を愛してくれないとぼやくのはお門違いなわけです。

人は、相手から差し出されたものに反応し、みあったものを返すだけだからです。

また、宇宙はその人から差し出されたエネルギーの質に反応し、みあった世界をこの現実に差し出すだけだからです。


あなたがこの人生で、本当に豊かさを受け取りたいなら、あなたは豊かな気持ちを自分自身や他者やまわりの世界に差し出すことが必要不可欠です。

自分の内側から外側へと差し出したものが、世界に出ていって、大きくなって自分のところに戻って来るのが、宇宙の法則なのですから。

さて、お金がもっとほしいというとき、ほとんどの人はそれを仕事で得ることになります。その仕事に豊かなものを差し出せていなければ、大きな報酬は得られないということになります。

それは、なにも、8時間働いているだけではお金持ちになれないから、もっと長い時間働け！　ということではありません。

仕事をするあなたのエネルギーの質を、いまより豊かにし、拡大すれば、いまよりもっと豊かになるのは、かんたんだということです。

そのためには、好きでもない仕事について、渋々やって、文句ばかり言っているようなことをやめなくてはなりません。「あのケチ社長のせいで、こんなにも安月給でこきつかわれるなんて、許せない！」などと、怒り狂うのをやめなくてはなりません。自分にお金をくれる人を悪く言うと、そのとたん、お金とご縁がなくなります。自分にお金をくれる人に感謝がわくことでこそ、繁栄しやすくなるのです。

あなたのマネーゲートが全開になり、無限の富の宝庫とつながるためには、あなたは、自分のエネルギーが内側から満たされ、大きくなるような、好きな仕事、やっているのが楽しくてしかたない仕事をすることです。

もらえる報酬の大きい小さいではなく、やり甲斐の大きさをみることです。一生かけてもやっていたいという〝愛してやまない仕事〟をすることです。

また、それが仕事とは思えないくらいの、趣味や遊びのように楽しく、やればやるほどエネルギーが内側からわいてくるようなことを仕事にすることです。

ちなみに、かつて私は、掛け持ちで3つの仕事をしていたことがありました。食べていけないのだから仕事を増やすしかないと。しかし、そのどれもが、私は好きではなく、いやいやで、しかたなしにやっていました。

結果、私は、お金持ちになるどころか、体を壊してしまい、病院の治療費に多くのお金を支払うはめになりました。そのうえ、倒れたことで仕事を続けられなくなり、なぜか、よけいに貧しくなったものです。

すべては、内側に抱えているエネルギーの影響です！

いまの私は、好きで、愛していて、一生やっていたい、やればやるほど内側から良いエネルギーで満たされる仕事をしています。それは、本当に、趣味や遊びのように楽しくて、しかたありません。そして、結局、そういう仕事が豊かさをもたらすことになったのです。

あなたの場合も同じです。自分の心にそって、仕事のしかたや、仕事の種類をみつめなおし、人生から何を受け取りたいのかを明確にし、そのために自分が何を差し出せるのかを考え、可能なことをやっていくことです。

それができたとき、あなたの内側から尽きぬ豊かさのエネルギーがわきあがり、あなたを満たし、あなたのマネーゲートを全開にします。

そして、そのとき、「金運革命」は当然のごとく起こり、人生そのものが豊かに引き上げられ、チェンジ・マイ・ライフをすんなりリッチに叶えているものです。

Special☆Chapter

即効リッチを叶える
アファメーション

あなたの「金運革命」を成功させる魔法の言葉

マネーゲートをひらくアファメーション（肯定的自己宣言）

ここでは、あなたの内側から、お金を惹き寄せる波動を生み出す、効果的なアファメーションをご紹介しましょう。アファメーションとは〝肯定的自己宣言〟のことであり、あなたがあなた自身に深層自己説得するのを、かんたんにしてくれるものです。

ここにあるアファメーションの言葉を心をこめて唱えるほどに（口に出してもいいし、心の中だけでもいい）、あなたの金銭事情が好転します！

切り取って持ち歩いたり、部屋に貼ったり、自由に使ってみてください。

今日から、これを楽しんで、よろこんで、唱えましょう♪

愛する

私は自分が好きです。神様が好きです。
宇宙が好きです。
同じように、お金が好きです。心から愛しています。
その言葉にうそ偽りはなく、
ピュアに、切に、そう思います。
それゆえ、両者は互いに惹きつけあいます。

循環する

お金への愛が私の中を流れるとき、
お金が私の外側の世界にも流れます。
お金は循環し、豊かさは拡大し、
私は永遠に豊かに満たされ続けます。

求める

私は、素直に次のものを求めます。
お金、富、成功、繁栄、パートナー、愛、感動、奇跡！
それは求めるに応じて、
私のところに、すぐさまやってきます。
私はそれらをよろこんで、最高の形で受け取ります。

許可する

私は、豊かさを受け取るに値する、
価値ある人間です。
それは何かをしたとかしないとか、
そういうことに関係なく、
無条件に価値があるのです。
それゆえ私は、この世のあらゆる富を、
贅沢なまでに受け取ります。

呼びこむ

お金と豊かさが、
いま手元によろこばしく入ってきます。
どんどんスピードをあげ、いくらでもやってきます。
お金はあらゆる角度から、無数の回路から、
どっさり仲間を連れて入ってきて、
私は見たこともないほどの豊かさと
幸せを築きます。

拡大する

私はまず自分の心を豊かにします。
人の心を豊かにします。
自分の暮らしを豊かにします。
宇宙への愛を豊かにします。
そのとき、すべてが富を生み出す
エネルギーに変わり、
私をみちがえるほど富んだ状態にしてくれます。

感謝する

私は、これまでみたことのないほど
幸せに豊かになっています。
健康で元気で活力に満ち、
何もかもうまくいっています。
価値ある自分、愛するパートナー、
素晴らしい家族や仲間、
やりがいある仕事、無限の富……
ありがとうございます。

讃える

私はお金に何不自由しない、
巨大な豊かさの中にいます。
すべては安心、安全で、しっかり守られています。
必要なものはすぐに満たされ、
叶えたい願いや夢はコロッと叶います。
すべての恵みが人生全体を包んでおり、
何もかも満足です！

感謝をこめた　あとがき

あなたがお金を使うとき、お金は役立ちよろこんでいる

お金さん、かけがえのない人生を守ってくれて、ありがとう

お金は、時間であり、命と同じくらい大切なものです。

私はそのことを、病気でダウンし、入院したとき知りました。お金がなくても、命がなくても、家族を養っていけないとわかったからです。

たとえば、どこの家庭が大黒柱を失っても、もし、たくさんお金が残されていれば、当面の生活には困らないことでしょう。もちろん、そのときの悲しみは計算に入れられませんが。

しかし、大黒柱を失うわ、お金もまったく残っていないわとなると、正直なところ、まともに葬式も出せませんし、残った家族が途方にくれるしかなくなります。大切な人を失った悲しみと、お金の痛みで、大きな失意の底に突き落とされてしまうでしょう。

この世の中には、「お金と命、どっちが大切なの?」とか、「愛とお金、友人とお金、どっちが大切なの?」などと、議論したがる人がいるものです。が、それほどバカげた話はありません。

お金は、比べる対象を持たないほど、人間の生活と密接なつながりを持つものです。それなくしてこの人生は成り立ちません。

もう切ってもきれない関係だと認めるしかないのです。大切なパートナーだとし、愛し、ともに生きて行くしかないのです。

さて、お金を望むとき、誰もが、なにも億万長者にならなくてもいいわけです。あまりにも大きなお金を持つことで、かえって、不安になったり、心配が増えたり、自分のバランスが取れなくなる人もいるからです。

自分がこの人生で何を受け取りたいのかがわかれば、おのずとそのためにいくらあれば豊かな気持ちで生きていけるのかも、わかってきたりするものです。

でも、お金はいくらあっても困りません。いくらあっても腐りません。あまりにも余剰がありすぎて、もう自分には必要ないというなら、どこかに寄付しても良いのです。

お金と命、それを本当に心から思いやれ、大切にしていこうと思えるとき、なんだかそれだけで豊かな人になれた気がするものです。

2016年12月

ミラクルハッピー　佳川奈未

最新著作一覧

《 単行本 》

◇『幸運予告』 マガジンハウス
◇『幸運Ｇｉｆｔ☆』《エイベックス歌手デビューCD付》 マガジンハウス
◇『富裕の法則』佳川奈未・竹田和平 共著 マガジンハウス
◇『運のいい人がやっている気持ちの整理術』 講談社
◇『怒るのをやめると奇跡が起こる♪』 講談社
◇『あなたに奇跡が起こる！心のそうじ術』 講談社
◇『「結果」は、自然に現れる！』 講談社
◇『恋愛革命』 ＰＨＰ研究所
◇『手放すほどに受け取れる宇宙の法則』 ＰＨＰ研究所
◇『「運命の人」は探すのをやめると現れる』 ＰＨＰ研究所
◇『「未来想定」でみるみる願いが叶う』 ＰＨＰ研究所
◇『あなたの中のなんでも叶える「魔法の力」』 ＰＨＰ研究所
◇『望みのすべてを必然的に惹き寄せる方法』 ＰＨＰ研究所
◇『効果的にお金を惹き寄せる魔法のルール』 ＰＨＰ研究所
◇『「いいこと」ばかりが起こりだす スピリチュアル・ゾーン』 青春出版社

◇『「約束」された運命が動きだす　スピリチュアル・ミッション』　青春出版社
◇『マーフィー　奇跡を引き寄せる魔法の言葉』
ジョセフ・マーフィー　著／佳川奈未　監訳　日本文芸社

《　文庫　》

◇『必然的に成功する100の方法』（書き下ろし）　マガジンハウス
◇『結果的にお金持ちになる100の方法』（書き下ろし）　マガジンハウス
◇『飛躍的に運がよくなる100の方法』（書き下ろし）　マガジンハウス
◇『叶えたいことを「叶えている人」の共通点』　講談社
◇『運のいい女、悪い女の習慣』（書き下ろし）　PHP研究所
◇『成功する女、しない女の習慣』（書き下ろし）　PHP研究所
◇『「ありがとう」の魔法力』（書き下ろし）　PHP研究所
◇『「みちひらき」の魔法』　PHP研究所
◇『おもしろいほどお金を惹きよせる心の持ち方』　PHP研究所
◇『おもしろいほど願いがかなう心の持ち方』　PHP研究所

……その他、多数あり。

★佳川奈未公式オフィシャルサイト

『ミラクルハッピーなみちゃんの奇跡が起こるホームページ』
http://miracle-happy.com/

※ホームページの「Fan・メルマガ(無料)」(会費・年会費・メルマガ配信などすべて無料)に登録すると、毎月、『NAMI TIMES ☆』が配信され、なみちゃんの最新刊情報はもちろん、講演・セミナー・楽しいイベント・ファン旅行などの情報が“優先的”に入手できます。また、“ここでしか読めない”ためになるエッセイや、夢を叶える秘訣・お金持ちになる方法、成功の法則など、興味深い内容が満載♪

※佳川奈未へのご相談やお悩み解決アドバイスを受けられる場として、「個人セッション」を行っております。「レイキ・アチューメント」や「オーラリーディング」「チャネリング」など、スピリチュアルでリアルな人気セッションのお知らせも、無料メルマガ『NAMI TIMES ☆』にて配信。

★佳川奈未プロデュース＆主宰

夢を叶える大人のカレッジ！『MIRACLE HAPPY COLLEGE』HP
http://miracle-happy.com/college/

ここでは、お金・仕事・成功・恋愛・金運・開運など、自己実現、願望成就、潜在意識活用法・惹き寄せの法則など、各種講座をご提供。おもしろくてためになることを楽しく学べ、即、実生活に役立てられます♪

★佳川奈未オリジナルブランドグッズ通販サイト

『ミラクルハッピー百貨店』
http://miraclehappy-store24.com/

ここでは、なみちゃんプロデュースの天然石パワーストーンのブレスレットやサイン本など、うれしいお買物ができます♪　その他、お食事会や催し物イベントもご提供！

★「商標権」「著作権」について

◇佳川奈未のキャッチフレーズであり、造語である、「ミラクルハッピー」は、多分類にて「商標登録」されています。
◇「MIRACLE HAPPY COLLEGE」は、佳川奈未の造語であり、佳川奈未主催カレッジの商標として「商標登録」されています。
◇「成功感性」「幸運予告」は、佳川奈未の造語であり、著書タイトルや、携帯サイトにもなっているもので、「商標登録」されています。
◇佳川奈未が会長をつとめる一般社団法人ホリスティックライフビジョン協会の「ホリスティックライフビジョン」は「商標登録」されています。

※上記は、「商標権」「著作権」を持つもので、法的権利を持つものです。第三者の無断使用・コピー転用・商売行為は、不正競争防止法により、法的処罰の対象となります。

佳川 奈未（よしかわ　なみ）
作家。作詞家。神戸生まれ。現在、東京在住。
株式会社POWER FACTORY代表取締役社長。
一般社団法人『ホリスティックライフビジョン協会』会長。
『MIRACLE HAPPY COLLEGE』主宰。

女性向け自己啓発・願望実現・惹き寄せ本の分野のリーダー的存在として活躍。生き方・願望実現・夢・お金・恋愛・成功・幸運をテーマにした著書は約150冊あり、海外でも多数翻訳出版されている。アンドリュー・カーネギーやナポレオン・ヒルの「成功哲学」「人間影響心理学」、ジョセフ・マーフィー博士の「潜在意識理論」「自己実現法」などを30年に渡り研鑽。精神世界にも精通しており、スピリチュアルな法則を実生活に役立つ形で展開。その学びと独自の成果法を学べるセミナーや講座には、著名人や海外からの参加者も多い。『幸運予告』（マガジンハウス）、『望みのすべてを必然的に惹き寄せる方法』（PHP 研究所）など、著書多数。

あなたと無限の宝庫をつなぐ！
マネーゲートをひらく秘密
金運革命

2016 年 12 月 17 日 第 1 版第 1 刷発行

著　者　佳川奈未
発行者　玉越直人
発行所　ＷＡＶＥ出版
〒 102-0074　東京都千代田区九段南 4-7-15
TEL 03-3261-3713　FAX 03-3261-3823
振替 00100-7-366376
E-mail: info@wave-publishers.co.jp
http://www.wave-publishers.co.jp
印刷・製本　中央精版印刷株式会社

NDC159　190p　ISBN978-4-86621-037-7